羽毛球技术进阶训练

基于身体功能改善的技术提升与问题解决方案

[日] 片山卓哉 著

代红丽 译 曲岩松 审校

人民邮电出版社

北京

前　言

只有更加熟悉自己的身体，才能变得更强！

　　我想变得再强些！我想赢更多的比赛！在我还是一名球员的时代，这样的想法多么强烈啊……

　　初中的课外活动中，第一次拿起了羽毛球拍，从此开启了我22年的羽毛球竞技生涯。后来，在高中、大学获得了全国冠军，在NTT东日本羽毛球队效力十年间2度摘取日本全国双打冠军。作为球员，可以说我的运动生涯也没太多遗憾。

　　但一切都那么一帆风顺吗？答案是否定的。我刚刚进入NTT东日本羽毛球队不久，就遭遇了左脚韧带断裂，随即经历了2次住院和长期的康复治疗。周围甚至也传出过关于我从此回归无望的论断。尽管如此，在康复治疗结束后我勤奋地练习，受伤一年半后，在全日本总决赛上获胜。这其中离不开队友以及朋友们的支持。

　　受了韧带断裂这么严重的伤，复出后仍能在取得总决赛冠军，这也成为我在退役后选择人生之路的重要转折点。因为那时候我一边被"只要努力就有回报"的信念支撑，一边也深感"一个人的力量终究是有限的"。

　　退役之后，我上了三年的专科学校，取得了理疗师的资格。开始一边在医院上班，一边利用周末开办羽毛球的讲座。希望能尽我的微薄之力帮助那些为目标而努力、因伤痛或身体问题而烦恼的人解决一些问题。

探求达成目的的必要想法、具体方法

　　此前我曾在医院以及讲座上有缘结识很多人，也由此引发了"每个人的烦恼都各不相同"的感慨。即便是羽毛球打不远这样的烦恼，有的是因为身体柔韧性不好，有的是接球的时间点掌握得不稳定，原因各不相同。因此，我想如果能筛选出各种问题的共同点，并把达成目的的必要思路、具体方法总结出来告诉大家，那岂不是大家的水平都能得到提高？这也是

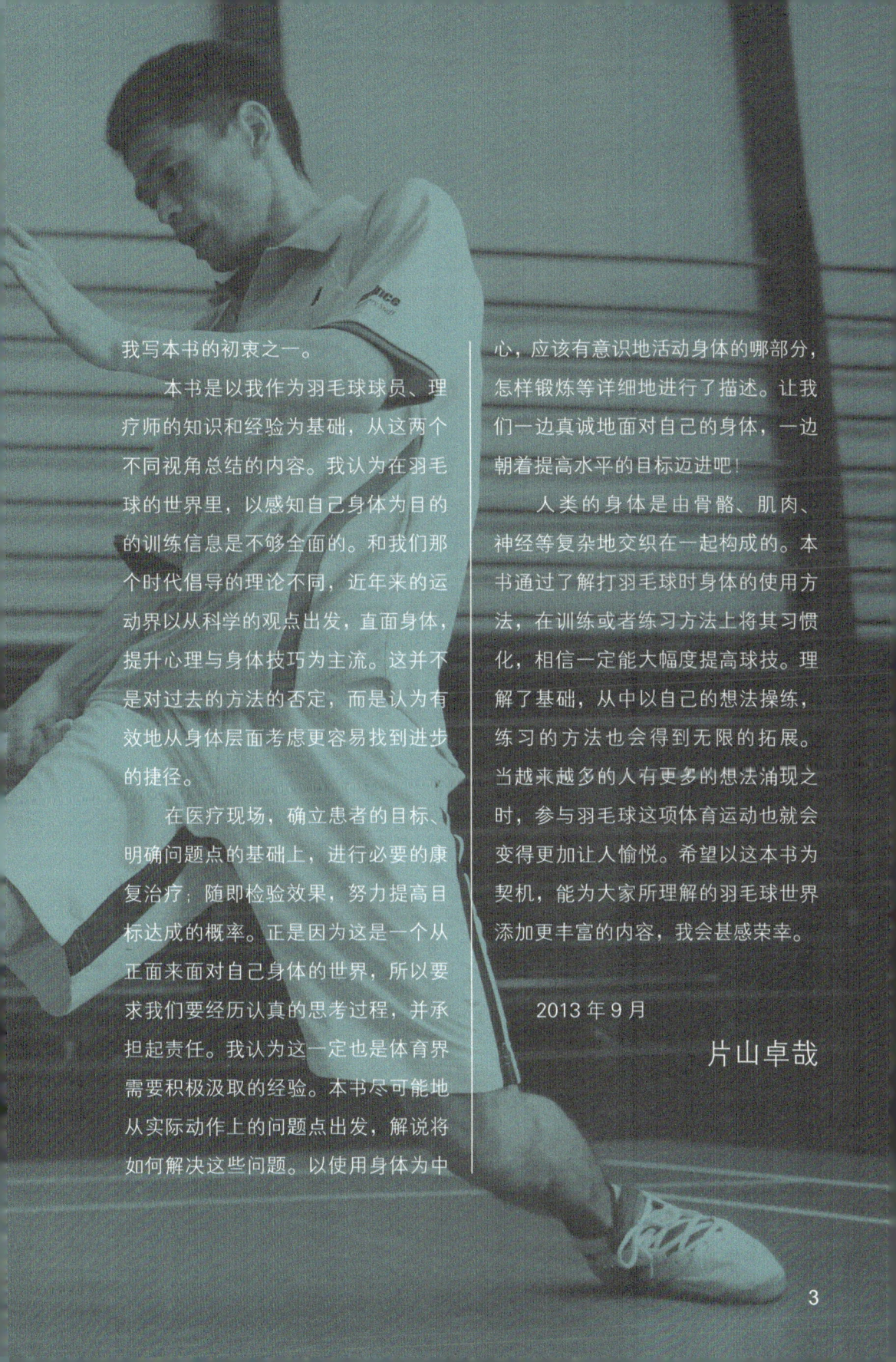

我写本书的初衷之一。

本书是以我作为羽毛球球员、理疗师的知识和经验为基础，从这两个不同视角总结的内容。我认为在羽毛球的世界里，以感知自己身体为目的的训练信息是不够全面的。和我们那个时代倡导的理论不同，近年来的运动界以从科学的观点出发，直面身体，提升心理与身体技巧为主流。这并不是对过去的方法的否定，而是认为有效地从身体层面考虑更容易找到进步的捷径。

在医疗现场，确立患者的目标、明确问题点的基础上，进行必要的康复治疗，随即检验效果，努力提高目标达成的概率。正是因为这是一个从正面来面对自己身体的世界，所以要求我们要经历认真的思考过程，并承担起责任。我认为这一定也是体育界需要积极汲取的经验。本书尽可能地从实际动作上的问题点出发，解说将如何解决这些问题。以使用身体为中心，应该有意识地活动身体的哪部分，怎样锻炼等详细地进行了描述。让我们一边真诚地面对自己的身体，一边朝着提高水平的目标迈进吧！

人类的身体是由骨骼、肌肉、神经等复杂地交织在一起构成的。本书通过了解打羽毛球时身体的使用方法，在训练或者练习方法上将其习惯化，相信一定能大幅度提高球技。理解了基础，从中以自己的想法操练，练习的方法也会得到无限的拓展。当越来越多的人有更多的想法涌现之时，参与羽毛球这项体育运动也就会变得更加让人愉悦。希望以这本书为契机，能为大家所理解的羽毛球世界添加更丰富的内容，我会甚感荣幸。

2013 年 9 月

片山卓哉

目录 CONTENTS

第 3 章
烦恼咨询

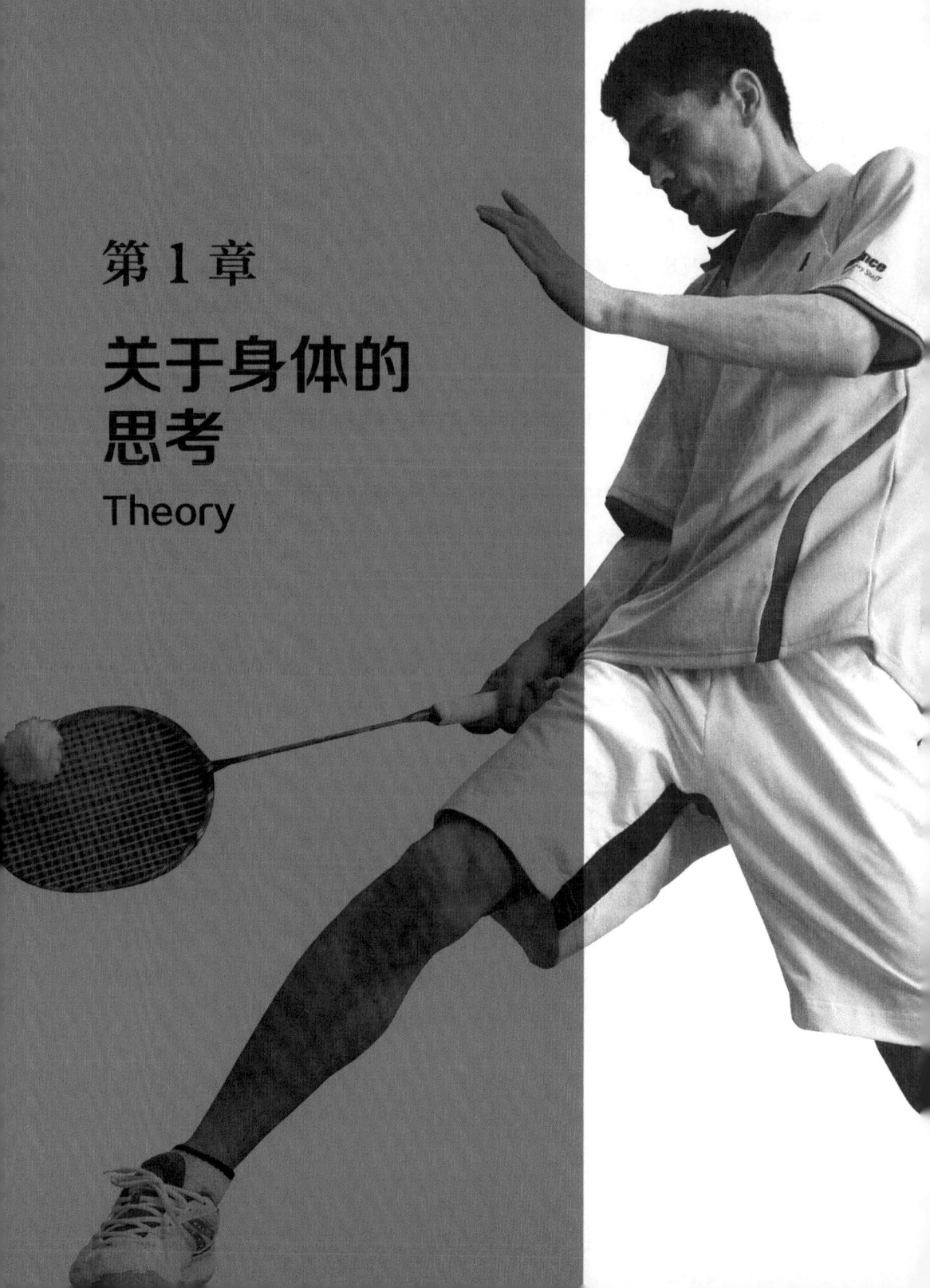

第1章

关于身体的
思考
Theory

阅读本书前的注意事项

本书与其他的技术读本不同，追求的不是理想的姿势、打法、步法。

关于姿势，我建议大家首先考虑个人或者教练的指导。本书所有的动作都以"身体"为出发点，以"更有效地活动身体""把身体的力量直接与打球相联结"的具体方法以及想法为主要内容。

第1章是本书的核心内容——躯干训练。在第2章将了解各种技法的着眼点，并从打球实战动作以及以塑身为中心的身体活动（身体功能）的视角进行确认。针对可以提高改善的地方，进行必要的训练以及改善练习方法，就可以从身体角度提高羽毛球的整体技术水平。

第3章则针对普遍性的困难和问题阐述其产生的原因以及解决方法。因为内容浅显易懂，所以大家不必着急，只要按部就班地练习就一定能取得进步。

第2章　基本技术

① 以"接近实战动作"确认身体的动作情况

第2章的主要内容是过顶扣杀、接球、步法等羽毛球基本动作中身体的活动方法。指出各种打法的着眼点，并对实际练习时是否意识到其要点进行确认。以接发球为例，把着眼点放在"能否对着羽毛球来的路线挥出球拍"这一动作。乍一看觉得很简单，实际上，别说初学者，就连有经验的人也常会连续多次挥拍却打不到球。往往是这种"深信自己可以做到"的自负心理，导致了烦恼的产生以及打球方面的缺点，所以我们一定要检查自己是否做到了正确打球。

② 以"身体塑造"检查身体功能

当我们在打球过程中遇到问题或烦恼时，通常都会想以技术练习来解决。当然这也没错，但如果能把着眼点放在技术要素之前，从身体的活动方式上考虑问题的话，往往能更有效地找出解决方法。那就让我们继实战动作之后，通过检查身体功能来寻找问题所在之处。

关于检查的方法

第 2 章、第 3 章中都有检查打球动作（实际动作），身体的强度以及稳定性（身体功能）相关的项目。虽然有些项目球员自己可以检查，但更多的是需要检查者（同伴）一起进行的项目，所以一定要听取客观的意见，来确认自己的身体。

检查项目的确认方法

● **各部位的稳定性**

从运动状态开始到停止时，头、躯干、髋关节、脚等出现抖动，无法保持姿势时打 ×。

● **各部位的强度**

对来自检查者的阻力（施加来的力），头、躯干、髋关节、脚等出现抖动，无法保持姿势时打 ×。

● **可活动范围、协调性**

身体活动范围变小、动作不顺畅时打 ×。

实际动作确认示例

身体功能确认示例

▲ 训练前做一些近似实际打球的动作，确认在各种情况下身体各部位的稳定性和强度等。对于身体功能的检查，可以看一看站或坐着的状态下髋关节、躯干的稳定性和强度。这种检查方法即使对身体知识所知不多的人也可以轻松掌握，还有一种好处就是可以直接应用于训练。

③ 通过练习改善身体功能

在进行完实际动作、身体功能的检查确认之后，开始训练和练习。大家可能想马上练习那些可以解决打球弱点的项目，但还是推荐按照本书的练习方法，从身体功能的问题点上寻求改善。先按照各基本打法中必要的身体活动方法实际操作之后，再进行打球相关的练习。一提到训练、练习，容易让人觉得这是个长期的过程，但实际上练习之后马上就会出现变化。

虽然变化有大有小，但通过对身体的刺激，往往不知不觉间挥拍变得顺畅、躯干也变得稳定了。

关键是不要忽略这些变化。当我们练就一双即使是细微的效果也能发现的眼睛，改善的概率也会随之提高。相反如果能很快认识到现状并没有得到改善，就可以及时更正训练的内容。

④ 试一试《练习菜单》（实际动作练习）！

当身体活动足够顺畅，下一步就进入使用球拍和羽毛球的练习阶段。这里的练习，与平时以提高技术水平为目的的练习不同，而是为了建立应对各种打法的身体基础而进行的动作练习。

为提高高远球或扣球的精度，很多人都进行击球练习或模式练习。实际动作的练习则可理解成是在进行上述技术练习之前，作为提高身体的基本能力而进行的练习。

比如，打高远球之前的实际动作练习里有"投球"的动作。通过反复练习棒球选手投球的动作，可以提高打高远球时的体能。因为在做投球的

动作时，可以自然地记住身体重心转移等打高远球时所需掌握的身体使用方法。虽然和实际的标准姿势有稍许不同，但身体完全可以应付这种变化，甚至可以让身体具有一定的调适能力。

尤其是对于在体育项目上只打羽毛球的人来说，通过学习各种动作、想法，会发现很多至今没有注意到的问题。而对于专业选手或者练习遇到瓶颈练习者来说，希望你们不仅局限于固定的练习动作，而是从与以往不同的视角，在练习方法上产生一些自己的想法和见解，这必将带来技术的提高。

第 3 章　烦恼咨询

着眼于"身体"解决烦恼

第 3 章针对很多练习者在现实比赛中遇到的烦恼以及问题，分析其原因并提出解决方法。仔细研究就会发现问题点往往因人而异，但本书立足"身体"角度，专注于各种问题的共通点，提出解决方法。为了能尽早、切实地解决这些烦恼，与第 2 章的基本技法（总论）结合起来操作就尤为重要。如果能从第 2 章中吸取一些要领，找到符合自身的解决方法，那么其他烦恼，也可以有效地解决。

注意点

❶ 培养自己发现着眼点的能力

虽然本书在每个项目都设置了着眼点，但这只是一种思考方式，并不仅限于此。着眼点的联想可以是自由的，希望我们逐渐培养出自己针对课题或烦恼问题提炼着眼点的能力。与此同时，如果能将着眼点尽可能与改善办法结合起来，效果将史为显著。

❷ 开展多种训练

本书中所介绍的训练，选取的都是在广受大众关注的躯干训练以及练习，还结合了普拉提、瑜伽等身体运动。既汇总了与各种技法相关的训练，也设置了改善性训练，以解决实际问题。希望大家在训练时不断观察效果。如果在训练中出现疼痛等现象则不要勉强。另外，过去受过重伤的人，请在专家或医师的指导下进行练习。

❸ 训练后务必要再次检验

未必所有人训练后都会产生效果。练习方法稍做改变，锻炼的部位就会不同，有时也可能会引起受伤。身体就是这样复杂，所以训练或练习后请一定要进行检查确认。理解每一个训练的特征，选择合适的训练来解决自己的问题点。

来进行躯干训练吧

本书所介绍的提升方法的核心内容，是近年来在体育界广受瞩目的躯干训练。先让我们来学习一下要点和训练方法吧！

躯干训练的 5 大要点

确认检测实际动作（打球动作）与身体功能（身体）后，必须通过练习找到问题点。上述内容中共同的关键词就是"躯干"。任何一项体育活动必然要进行身体活动，而躯干是身体活动的重要部位，对它的锻炼也是提高羽毛球水平不可或缺的步骤。

我们通常所说的"躯干"，究竟包含哪些部位呢？最近的一些图书、杂志、电视上都有介绍，本书中定义的"躯干"是指"从肩关节到髋关节为止的部位"（见右图）。另外，根据躯干的活动方式可分为前面、后面和侧面（P13 图）。这种三面式的分类在身体检查训练练习中比较容易理解，所以本书也采用了这种分类方法。

躯干锻炼的要点是柔韧性、力量、操作性、稳固性与手脚的协调性 5 个方面。测评这 5 个要素，使其均衡地提高，就达到了躯干锻炼的目的。希望大家记住前面、后面、侧面的动作，与 5 项能力的提高有很紧密的相关性。

没有一块肌肉是独自活动的。一定是与其他的肌肉联动、巧妙地利用骨骼结构，才能发挥出其作为肌肉的作用。如 P13 图所示，由于肌肉基本上是与各个部位相连接、联动的，所以了解它们之间的各种关系，训练效果更好。

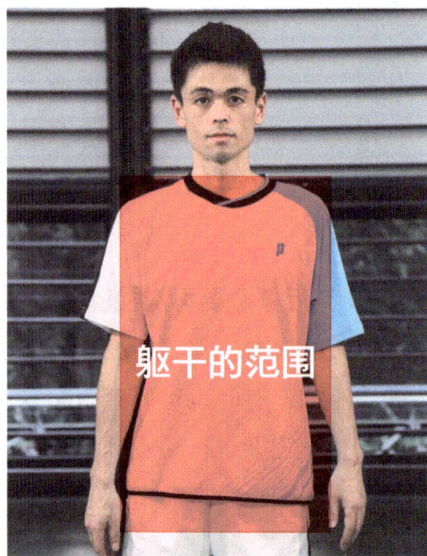

躯干的范围

12

在理解身体构造的基础上进行训练

在医疗领域有"功能源自构造"的说法，无视自己身体构造的训练，不仅不会有理想的效果，还会阻碍技术要素的发挥，甚至有可能导致身体受伤。均衡地锻炼身体，可以提高稳定性、操作性、反应能力，而且力量也会增强。有些人认为"这个训练项目好！"从而只进行特定的训练，但其实平衡地考虑身体的整体性进行各种各样的训练才是更重要的。希望大家不要拘泥于某一个训练的理论，让我们的身体接收各种各样的刺激吧。

其次，仅仅只是个人进行训练的话，想正确地提高希望锻炼的部位往往格外的困难。躯干训练既要以动作准确和取得平衡为目的，与此同时还要培养竞技时的动作和感觉，这是非常重要的。

此外，躯干训练若想对打羽毛球产生直接效果，需要一边关注髋关节、肩关节以及包含骨盆在内的脊柱，一边进行。清晰地感受这些部位的动作、明确其位置的同时进行躯干训练是十分重要的，也是取得进步的捷径。

▼ 代表性肌肉／筋膜的互相关系

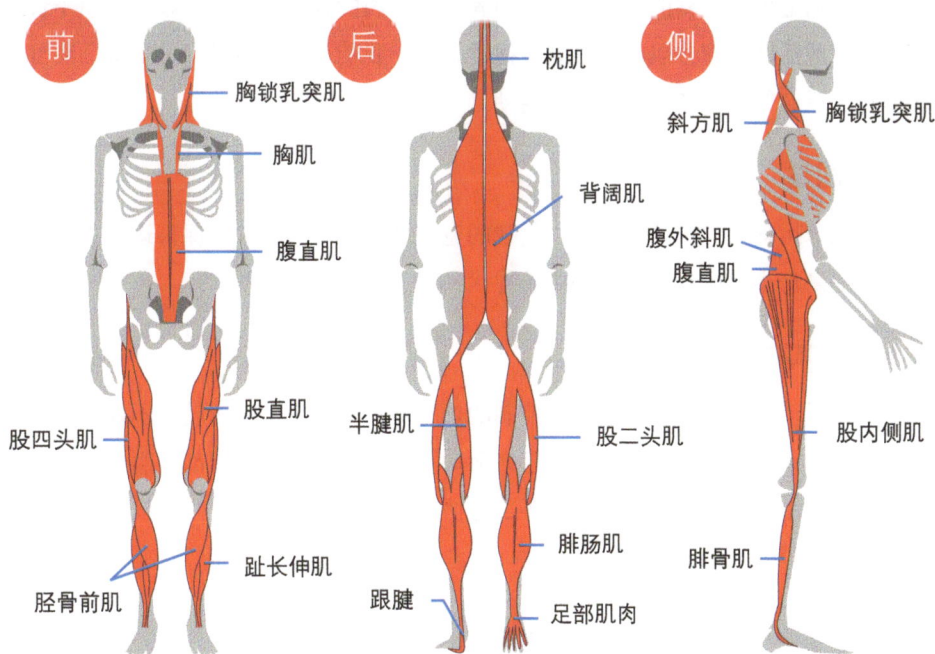

前
- 胸锁乳突肌
- 胸肌
- 腹直肌
- 股直肌
- 股四头肌
- 趾长伸肌
- 胫骨前肌

后
- 枕肌
- 背阔肌
- 半腱肌
- 股二头肌
- 腓肠肌
- 跟腱
- 足部肌肉

侧
- 斜方肌
- 胸锁乳突肌
- 腹外斜肌
- 腹直肌
- 股内侧肌
- 腓骨肌

下面来尝试一下本书的"核心"——躯干训练吧!
请在羽毛球练习前、练习间歇或者在家中比较舒服状态下进行。

训练躯干的哪些方面

❶ 柔韧性

身体的活动范围(可动区域)变大后,力量使用的范围也会相应地扩大。柔韧性差的话,动作就只能在比较狭小的身体范围内进行,所以我们先通过提高柔韧性来扩展动作范围。

❷ 力量

如果想把球击远、想提高速度的话,就需要锻炼必要的肌肉力量。但大家不要误解成是肌肉锻炼,而是在接近实战动作上进行的。

❸ 操作性

由于羽毛球运动靠的是活动以及稳固骨骼肌肉的各个部位,所以通过躯干训练有意识地活动各部分肌肉和骨骼是很重要的。我们可以通过腰部、胸部、腹部的扭转、后仰等,让各部位都得以活动。

❹ 稳固性

羽毛球运动是一项动作激烈、复杂的竞技性运动。稳固性是保持运动中身体平衡、提高跨步动作稳定性的必要条件。

❺ 与手脚的协调性

肌肉活动的力量是由神经系统控制的。为提高神经系统的运转,不要只活动手,或只活动脚,要将手和脚结合起来活动。与此同时胸部与腰部等躯干部分的活动也很关键,所以要有从手到脚各部分协调运作的认识。

❻ 其他

锻炼其他与羽毛球运动相关的躯干部位。

❶ 提高躯干的柔韧性

1 眼镜蛇式
（后仰动作 / 腹直肌）

不要太多使用手腕的力量，用身体的力量后仰

▲ 俯卧，伏地挺身，双手置于两侧。

▲ 向上推直至手臂与地面垂直。

▲ 下颚向上抬、视线向上。同时腰部下沉。

2 弓式
（后仰动作 / 腰）

要点

身体前后活动效果更加明显

双腿弯曲

应用篇　单腿弯曲

▲ 俯卧，两腿弯曲，双手抓脚腕外侧。

▲ 上抬脚尖，同时身体向后弯，这个动作完成后，抓住脚踝，将脚尖朝地面方向弯曲身体。

▲ 双手握单腿脚背，身体后仰。

15

❶ 提高躯干的柔韧性

3 犁式（背肌）

大口吐气的
同时抬腿向
上，伸展阿
基里斯腱。

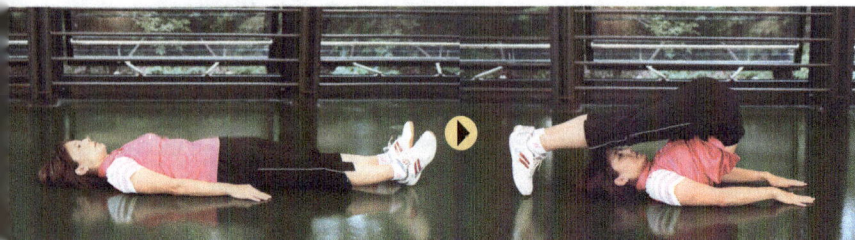

▲ 面朝上双手平放在
地面。

▲ 膝盖保持伸展状态，脚尖向头部
方向落去（手的位置保持不动）。

4 扭转式（腰）

注意!

肩部不动，
从腰部（骨
盆）发力运
动。

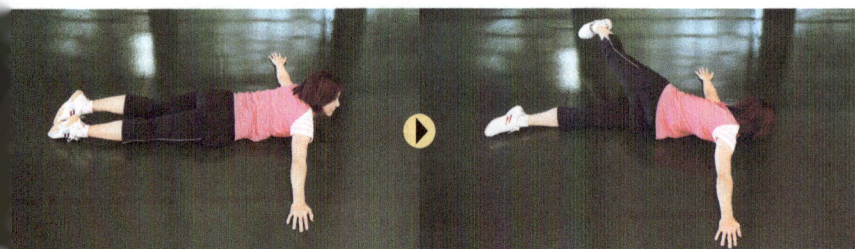

▲ 双手打开，面朝下。

▲ 单腿抬起，从腰、髋关节开始向另一
条腿的方向扭转身体。

5 扭转式（背肌、骨盆）

◀ 坐立状态弯曲左
腿，左脚置于右侧臀
部下方，保持右膝屈
曲，右腿与左腿交叉。
左手落于左脚脚掌，
扭转身体。

要 点

身体扭转时伸直脖颈。

6 倒立（背肌）

◀ 保持肘部、
肩部、头部接
触地面，双腿
向上抬起。

要 点

腿向上时
收下巴。

❷ 提高躯干的力量

1 投球

向后投球

向前投球

▲ 双手持球，身体前倾，产生反作用力。　▲ 用最大力量将球向身后投出。

▲ 使用最大的力量投球。　▲ 双手持球身体大幅度后仰。

要点 用最大力量投球。

要点 使出全身力量投球。

左右

转身

▲ 保持身体朝前的状态下使用身体侧面投球。

▲ 最大限度利用转身的动作投球。

要点 注意做练习时身体的侧面的感觉。

要点 最大限度地转身。

注意!
- 最好使用健身球（没有的情况下用篮球代替）。
- 安排协助人员，在注意周围环境的情况下做投球练习。

17

❸ 提高躯干的灵活性

1 伸展体侧

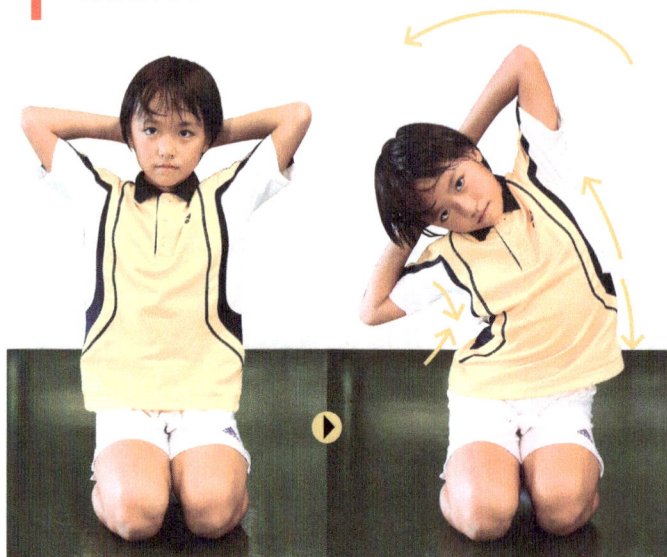

◀ 双手互抱于头后，将全部的身体重量转移到伸展侧。后背挺直，大口吐气。

要点

伸展时骨盆向下，肋骨向上，体验将两者拉远的感觉。身体弯曲的一侧则是臀部上提，拉近骨盆与肋骨距离。

2 身体后弯、前屈、扭转

要点

注意背肌的感觉，一边呼吸一边做动作。

| 开始 | 后弯 | 前屈 | 扭转 |

▲ 骨盆摆正，跪坐。

▲ 向上延展脊背使骨盆直立。放松头部和肩部，不要用力，边吸气边做动作。

▲ 不使用背肌力量吐气，从骨盆开始弓起脊背，双肩不动。

▲ 将全身100%的体重转移到扭转侧，边吐气边由下往上扭转每一块脊骨。

3 关注胸部感觉的运动（胸骨）

保持手、肩的位置不动，关注胸部的感觉，在身体活动范围内进行。

■ 姿势前视图

开始

左右

前后

▲ 四肢着地姿势。

▲ 在同左页 1 相同的感觉下进行。

▲ 在同左页 2 相同的感觉下进行。

■ 姿势侧视图

前后

▲ 一边关注脊背，一边收腹，吐尽气，弓起身体。

▲ 一边挺胸，一边关注骨盆的活动，身体后仰。

注意！

在第 2 章、第 3 章将介绍有关后弯、前屈、扭转、伸展等各种姿势。动作的基本方法与 P18 的 1~2 相同，请牢记这些要点。

❹ 提高躯干的稳定性

调整身体前面、后面、侧面的平衡。

1 腹直肌、髂腰肌

▲ 用前臂、脚尖支撑身体。脚踝、膝盖、骨盆、肩部在一条直线上。

▲ 一只手向前伸展，另一侧的腿向上抬。

注意！

臀部不要过度上提。

应用篇

▶ 保持一只手臂垂直支撑，一只手臂向前伸展，另一侧的腿向上抬。

2 脊背、臀部

▲ 仰卧姿势，弯曲膝盖。前臂在胸前交叉。

▲ 伸展一条腿向上至与上半身呈一条直线。

注意！

身体不要过度后仰。

应用篇

▶ 仰卧，然后使用手脚支撑抬起身体，单侧腿上提至与身体呈一条直线。

3 躯干的侧面、腰、脊背等

▲ 横向侧卧，前臂支撑身体。　　　　　▲ 从双脚脚踝到躯干中心呈一条直线，向上抬起身体。

应用篇

注意！

臀部不要后撅。

▶ 手臂伸直支撑于地面，另一侧的腿向上抬起。

4 脊背

▲ 膝盖着地，腹部贴合在平衡球上。　　　　　▲ 抬起上半身，使大腿和躯干在一条直线上，保持身体扭转状态。

注意！

身体扭转时不要过度后仰。

21

❺ 提高手脚的协调性

1 钟摆运动

要点

充分拉伸身体一侧。

▲ 单手持矿泉水瓶等向体后伸展，视线看向手的方向。

▲ 手臂像钟摆一样摆动，一直向上伸展到最高点。

2 腰部运动（腰、脊柱等）

■ 前视图

▲ 手持矿泉水瓶等在身体中立位站好。

▲ 脚、膝盖、髋关节保持不动，扭转上半身。

■ 侧视图

要点

保持左手臂伸展，吐气。

❻ 其他的躯干训练方法

1 提升骨盆关节活动度的运动

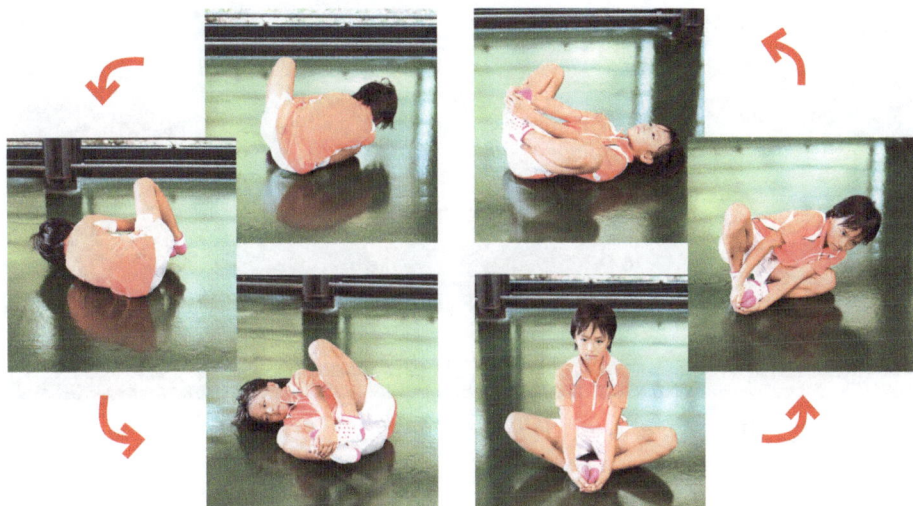

▲ 脚跟靠近臀部，后背着地仰卧。骨盆关节活动度提升，能够更好地控制身体肌肉和内部组织。

注意!
保持姿势不变翻转。

2 起身（骨盆、髂腰肌）

▲ 面朝上，膝盖用力，朝脚后跟的方向拉起身体。

▲ 身体一边后仰一边站起。

注意!
为避免撞头一开始用手部支撑地面。如果无法做到起身的话，也可以只抬起腰部。

23

❻ 其他的躯干训练方法

3 躺在伸展杆上半身会脊背的感觉

▲ 面朝上躺在杆上，抬高膝盖，放松身体。一边放松一边活动手臂和身体（手掌向上，放松效果更显著）。

要 点

一边体会脊背的位置感觉，一边活动身体。

4 久坐前屈运动（下肢、脊背）

▲ 双腿向前伸直并拢，收紧下巴，一边吐气一边上半身前后活动。

▲ 将视线投向远处，双手伸过足尖，俯身前屈。

要 点

保持腿部伸直，上半身用力前屈。

24

第 2 章

基本技术
Basics of Stroke

确认姿势

关注点！

5
4
1
2
3

要点

躯干与跨步是关键

网前的打法主要使用的是低点击球。挑球时由下至上大幅度地挥动球拍打向远处；放网时则需要一边吸收打过来的羽毛球的势能，一边控制力量，将其落到网前。无论哪种，都容易把注意力放在前臂以及手腕上，其实躯干与跨步的稳定性才是更重要的。

对于放网前球、挑球等主要在网前击球的技术类型，如何做到稳定的姿势呢？我们一起来记住这些诀窍吧！

着眼点

1 以稳定的步法移动时是否能打到击球点（打点）上

2 稳健的跨步过程中是否重心随之转移

3 跨步时脚下是否稳定

4 是否在各个方向上都能施加力量

5 是否能在各种情况下应对速度、打点的变化

➡ 着眼点

1 以稳定的步法移动时是否能打到击球点（打点）上

从原来站的位置向网前移动时，首先必须保证以稳定的步法来移动。这里所说的稳定性，是指从启动到击打到球，身体没有上下左右摇晃。

其实理想的做法是，以自己容易发力的姿势起步，保持这种状态瞄准击球点打出。身体晃动虽然也能打到球，但是为了能接近自己想要打的路线、高度、力量，就需要先了解自己的身体是否在晃动。

2 稳健的跨步过程中是否重心随之转移

身体从原来站的位置向前移动，重心也随之由后面转移到前面。这种身体重心转移会在迈步后击球时产生强大的力量，如果不能很好地转移重心，重心就会留在后面（与迈出的脚相反的脚），就不能最大限度发挥击打力量。

将重心转移到迈出的脚上，能够将球挑得又高又远，还能控制放网前球的高度和势能，所以要确认是否做到身体重心转移。

3 跨步时脚下是否稳定

如果跨步时脚或整个身体晃动，就无法自如地控制挑球和放网前球等。关于跨步的方式和脚的角度等，每个教练指导的方法可以不尽相同，但必须要了解在脚落地时保持身体平衡的跨步方法。

正确、有力地回击对方的网前球、挑球的关键是什么？

4　是否在各个方向上都能发力

跨步后，将利用身体和手腕的力量击球，这时的要点是躯干的稳定性和自由度。如果躯干无晃动，能保持稳定的状态，跨步时的力量将通过躯干传导到手腕和指尖。

但是如果躯干不稳定，自由度不高，身体就会像驼背一样，前倾过度，无法发力。如果在挺胸直背的状态下，就可以通过合理的躯干使用方法向各个方向用力。

5　是否能在各种情况下应对速度、击球点的变化

提高下半身以及躯干的稳定性、自由度后，接下来要考虑的就是在提高速度的同时，灵活变化进攻的打点。随着对战选手水平的提高，每个回合的速度也会变快。

不仅要持续着快速对攻，还要不断重复突然停下来或动起来的动作，这些都对身体的耐力提出很高的要求。而身体的耐力是可以通过基本的躯干训练和练习来塑造的，所以一定要重视日复一日的积累。

▶ 世界顶级选手李宗伟（马来西亚）躯干和跨步都很稳定。

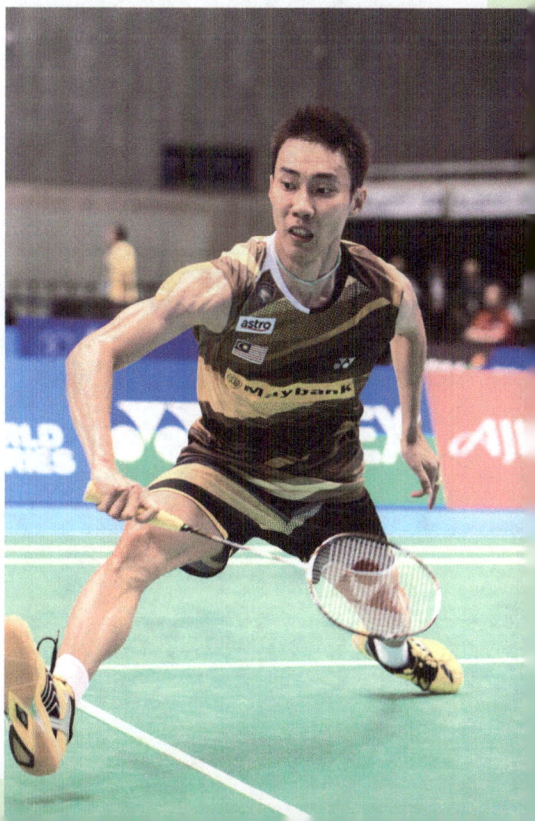

确认方法 1 模拟与实战相近的动作进行确认 ────

1 上半身的稳定性

确认 ▷ 检查向网前开始运动的姿势。看球员的身体是否上下左右大幅度运动。重点是头部、肩部、腰部等位置的上下运动幅度有多大。

▲ 从准备姿势开始，头部、肩部、腰部上下大幅度做动作。

2 向跨步的脚上转移身体重心

确认

检查身体重心是否确实转移到跨出的脚上，另一只脚（后脚）是否可以自由地活动。如果重心在前脚上，后脚就可以自由地活动，也就意味着完成身体重心转移。

◀ 重心在前脚上，后脚就很放松。

现在我们 2 人 1 组来检查一下是否掌握了之前介绍的网前技术。

3 跨步时的稳定性

扭转

▲ 单脚无法保持平衡。　　▲ 即使单脚也能保持平衡。

确认

手抱平衡球或健身球，向网前迈步。前脚迈出后，后脚离开地面，抱着球做转身等动作，向各个方向运球。

4 向想要击球的方向发力

确认

球员在跨步姿势上停住，把手伸到实际上要击球的位置。检查者压住球员的手（正手、反手），检查有多大力量能施加在想要击打的方向上。

反手　　正手

▲ 球员模拟想要击球的方向和角度，推回对方的阻力。

31

确认方法 **2** 利用塑身运动确认

1 骨盆活动的自由度

确认

双手向两侧打井，仰卧的状态下，将骨盆周围向上下、左右全方位的运动。确认骨盆可活动的区域范围。

无法做到时请前往
↓
Exercise1・2

▲ 膝盖朝上保持不动,感觉到骨盆与地面的接触点,活动骨盆。

2 跨步时躯干的稳定性

确认

仰卧，膝盖立起的状态下，努力抬高臀部。检查者采用下压骨盆附近的动作检查姿势能否保持。

无法做到时请前往
↓
Exercise3

→ 进一步确认自己的身体功能可以达到怎样的程度！

3　迈步时躯干的自由度

无法做到时请前往
↓
Exercise1・2

■ 开始　　　■ 前后　　　　　　　　　■ 左右　　　■ 转动

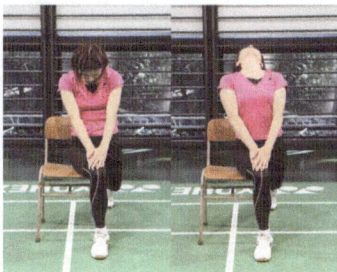

确　认　与放网前球相同的姿势坐在椅子上（半身坐下），将身体在后仰和前屈（前后）、体侧伸展和收缩（左右）、扭转（转动）这 3 个方向上活动。

确认以骨盆为中心身体的可活动范围。

4　躯干与手腕的联动性

前面看

确　认

双手和两臂在面部前并拢，一只手一边向后转一边绕大圈。确认能否保持骨盆和肋骨不动的状态下顺畅地转动手臂。

侧面看

无法做到时请前往
↓
Exercise1・3

练 习

　　打网前球的要点是迈步时躯干的强度以及骨盆的灵活性。让我们通过各种体式有意识地锻炼躯干以及骨盆，增强其稳定性。锻炼次数和时间根据自身情况而定。

1 Exercise 1

躯干、骨盆的强化
躯干训练

■ **开始**

■ **前后**

■ **左右**　■ **转动**

❶ 一条腿向前伸直，另一只脚置于对侧大腿的内侧。

❷ 伸展小手指一侧，手向上举，身体做前后、左右、转动的动作。

→ 通过练习来强化在确认方法 1~2 中发现的身体薄弱环节吧！

Exercise 2

■ 开始

■ 前后

■ 左右

❶ 将手转到身后、置于地板上，双脚脚底相抵，向身体靠近。

❷ 不要用手支撑体重，尽量伸展手腕，腹肌不要用力，身体做前后、左右、扭转的动作。

■ 转动

要 点

运动时注意避免迈步时身体晃动、提高迈步后躯干的自由度（身体的稳定性）。

2 Exercise 3 　髋关节的强化

提臀

要 点

利用位于髋关节周围的躯干、骨盆的力量，抬起臀部。从膝盖开始伸展腹部（腹股沟），保持腰部在高位。

❶ 双手打开面朝上，弯曲膝盖。

❷ 抬起臀部，保持这个状态。重复动作。

一起试试吧！ **实践菜单**

1 Practice 1
稳定的步法

如果不注意保持身体平衡，球马上就会掉下来，所以要注意不做多余的动作。慢慢习惯了就可以加快速度。

木柄托球

球拍

❶ 站立时保持在球拍上托着球，或者托球在木柄上的状态。

❷ 保持球不要掉下来，一边稳定身体，一边进行步法移动。

2 Practice 2
将身体重心转移到跨步的脚上

要点

不仅仅是用手腕带动球运动，还要在保持平衡的基础上，以扭转等动作来带着球动起来。

❶ 抱着实心球或重一点儿的球，在跨步的位置上抬起一只脚。

❷ 在保持平衡的同时，把球推向各个方向。

→ 通过训练提高身体稳定性的同时，也在球场上实际练习一下吧。

3 Practice 3
跨步位置上的灵活性

要点

保持好平衡是关键，跨步后进行复杂的操作，或者故意制造一定的时间差，可以发挥自己丰富的想象力，一旦动作熟练了，就可以像实际比赛一样大跨步的操作了。

❶ 在跨步后手可以够到的位置处放一个桌子，桌子上放一只羽毛球。
❷ 手拿着另一只羽毛球跨步，保持住平衡，替换桌子上的羽毛球或移动羽毛球。

4 Practice 4

要点

需要特别注意的是投掷时的姿势。为避免驼背姿势，应伸展背肌，挺胸投出球。注意视线不要向下看。

▲ 朝横向、正前方等各个方向用力投掷。

❶ 手拿羽毛球向网前跨步。
❷ 跨步状态下将羽毛球向正上方或者横向等方向用力投出去。

37

← 练习后再返回 P30~33 进行确认！看看效果如何吧！

头顶击球

杀球 / 高远球
吊球 / 劈杀

确认姿势

关注点!

要点

使用躯干打球!

　　头顶技术是指远远地打出高远球，或者快速杀球时使用的打法。为了打得远或者产生速度关键是要调动全身来发力。特别需要注意从击球的前一刻身体的"后仰"动作开始，到打完后身体的"前倾"动作，以及"转体"动作，都不是靠手打球，而是用整个身体参与。

4

3

2

1

头顶技术是羽毛球基本技术之一。我们将在这里学习
打出强有力的好球的要点。

着眼点

1 双脚是否有稳定性

2 身体的重心移动状况是否良好

3 躯干是否有自由度

4 各种场景下的强度如何

➡️ **着 眼 点** ─────────────────────

1 双脚是否有稳定性

扣杀或者高远球的时候，需要很大的力，其力量产生了"躯干"。为了有效地使用"躯干"，需要左脚、右脚各自都具有稳定性。

如果没有这两者的稳定性，力量就不能传导到上半身，就变成所谓的"用手打球"。所以需要通过锻炼让双脚能保持平衡、强而有力。

2 身体的重心转移状况如何

打头顶球时重心转移的"品质"非常重要。以右手持拍为例，打头顶球意味着重心从右脚向左脚转移。右脚上是否稳妥的支撑身体的重量，在挥拍的同时将身体重心顺利转移到左脚上，会导致力量和控制力的不同。

另外，重心移动的幅度也应该注意。从右脚向左脚转移重心称为"并步运动"，并步运动的距离越大产生的力量也越强。下意识提高将右脚积蓄的势能大幅转移到左脚的身体动作感觉。

⟶ 我们再确认一下高远球或者杀球等主要从上方击打羽毛球时的姿势吧！

3 躯干是否有自由度

打羽毛球的姿势和棒球的投球姿势有很多共通点。棒球投球时的动作是靠轴心脚支撑体重实现重心转移，通过身体后弯、扭转，做到更有力、更快地投球。

考虑到羽毛球的竞技性，平时的训练也必须加强后弯、扭转的动作练习，因此需要我们训练自己的身体，可以向各个方向自由地活动。那么就以 P14~24 所介绍的躯干训练为中心进行躯干的锻炼吧。

4 各种场景下的强度如何

躯干能力得到提升后，还需要把力量传导到羽毛球上。这个力量一般容易被理解成是肌肉的力量，但主要是将由躯干产生的力量通过肩胛骨从手腕传导到球拍上。

曾荣获日本男子单打冠军的田儿贤一，就善于利用肩胛骨发力，打出过很多有力的扣球，让我们看到其令人叫绝的球技和控球能力。

在锻炼肩胛骨之前，我们先来确认一下姿势吧。不能很好运用肩胛骨的人很多容易驼背。注意保持挺胸的状态打球就可以用上肩胛骨的力量，建议大家多在平时检查自己的姿势。

▲ 打球时挺胸、大幅展开身体，是田儿贤一球员的特点。把球拍向外展开也能很有效地用上肩胛骨的力量。

确认方法 1 模拟与实战相近的动作进行确认

1 双脚的稳定性

确 认 ▶ 在头顶击球的动作中加入后退步法，挥拍后双脚交换。脚着地时双手伸展，将一开始的重心腿（右腿）的膝盖抬起保持在腰的高度，单腿站立。确认是否出现摇晃不稳、姿势无法保持的情况。

▲ 如果没有稳定性的话，挥拍后无法单腿直立。

2 重心转移

确 认 ▶ 手抱球进行侧跳练习。着地状态时停顿，检查是否出现摇晃不稳、姿势无法保持的情况。

在此之前介绍过的头顶击球的基本要领是否已经掌握了呢？
现在自己来确认一下吧。

3 躯干的自由度（前后左右）

确认

抱着实心球或平衡球跪坐，手持球后左右活动身体。检查活动时上身是否晃动、动作是否流畅。

4 不同情况下的强度

确认

确认是否使用全身的力气击球。从不同位置打出高远球，确认球的飞行距离。不看速度和高度，始终看距离。以打出界外的力量来击球。

▶ 检查上半身和下半身是否都在发力击球。

确认方法 **2** **利用塑身运动确认**

1 髋关节的稳定性

▲ 在身体扭转状态下边施加阻力。

确认 半身状态坐在椅子上。检查者在球员身体上施加阻力确认姿势是否能保持，上半身、髋关节周围是否稳定。

无法做到时请前往
↓
Exercise1・2・4！

2 重心转移

无法做到时请前往
↓
Exercise1・4！

确认 双手在胸前交叉、双腿并拢坐在椅子上。其他部位保持不动，仅抬起一侧臀部。确认头部有无晃动、身体有无倾斜。

→ 进一步确认自己的身体功能吧。

3 躯干的自由度

无法做到时请前往
↓
Exercise1·3！

开始

前后

左右

转动

确认

　　右膝着地，保持左膝直立的状态，双手在胸前交叉，身体分别向前后、左右、扭转3个方向运动。确认身体能否在不摇晃的状态下做到上述动作。

4 投球

前后

扭转

确认

无法做到时请前往
↓
Exercise3·4！

　　手持实心球，分别将球向前后、左右投出，然后一边扭转一边投球。通过投球的距离确认使用了多大的身体力量。

一起试试吧！

练习

为了进一步提高头顶击球的强度，需要锻炼髂腰肌。髂腰肌是指位于骨盆周围身体深处的小筋肉，所以很难直接锻炼到。通过锻炼骨盆、躯干等往往能达到有效锻炼髂腰肌的目的。因为它可以增强弹跳力、强化躯干，所以一定加强这部分的锻炼。

1 Exercise 1
伸展体侧

要点

体侧运作过慢或者身体的扭转动作无法做到位，原因在于体侧（从肋骨到侧腹）过于僵硬。使用骨盆发力的同时进行伸展，就能减轻体侧的僵硬程度。

◀ 保持手抬起的状态，向体侧伸展。

2 Exercise 2
躯干、骨盆的强化

❶ 从膝盖跪坐的状态开始，身体向后倒，用力后仰。

❷ 感受骨盆（骶骨）的感觉，慢慢地恢复到原来的位置。重复此动作。

要点

身体能够大幅度后仰的人，保持在后仰状态下将身体向各个方向活动。躯干的自由度高的话，即使在后弯的状态下也能稳定地活动身体。

■ 前后

■ 扭转

结合 P14~24 所介绍的躯干训练方法，来强化各部分吧！

3 Exercise 3
躯干的自由度

■ 开始　　　　　　■ 前后　　　　　　　　　　　　　■ 左右　　　■ 转动

❶ 站立状态将一只脚向后伸，手插腰固定骨盆。　　❷ 身体分别在前后、左右、转动 3 个方向活动，同时确认骨盆的动作。

4 Exercise 4
强化骨盆、髂腰肌（鱼式）

❶ 骨盆后倾状态下挺起胸，头顶触地。　　❷ 双脚并拢状态下，脚跟上下活动

要点

使用腹肌就无法使用本来想要锻炼的髂腰肌，所以不要在腹肌上用力，保持将注意力放在骨盆附近的状态。

一起试试吧！

实践菜单

1 Practice 1
炼成稳定的下半身

像篮球运动员使用球类进行热身一样，通过将实心球从大腿下面穿过，或者绕着腰转动等动作强化下半身锻炼。

▲ 单脚站立状态下，将实心球从大腿下穿过。

2 Practice 2
重心转移

❶ 手抱实心球等有重量的球。　❷ 向两侧迈步。　❸ 脚落地时，一只脚蹬地蓄势后再迈下一步。

要 点

习惯后在下一步迈出的瞬间将球扔到胸的高度，在着地的瞬间再接住球。

过顶扣杀的时候需要全身发力。我们总结一下提升全身发力的技巧。

3 Practice 3
躯干的自由度（投球）

▲ 像棒球的投手投球一样，全身发力将球投出。

要点

投球是培养使用全身发力感觉的最佳动作。需要把注意力放在轴足蹬地，重心转移，躯干的稳定、扭转动作等方面。

4 Practice 4
躯干的自由度、各种情况下的强度

要点

不用在意打羽毛球的姿势如何，使用肩胛骨或躯干，全力将球打向远处。

❶ 将体重稳稳地转移到重心脚上。❷ 将托起的羽毛球，使用躯干全力回击。

49

← 练习后再确认 P42~45！看看效果如何吧！

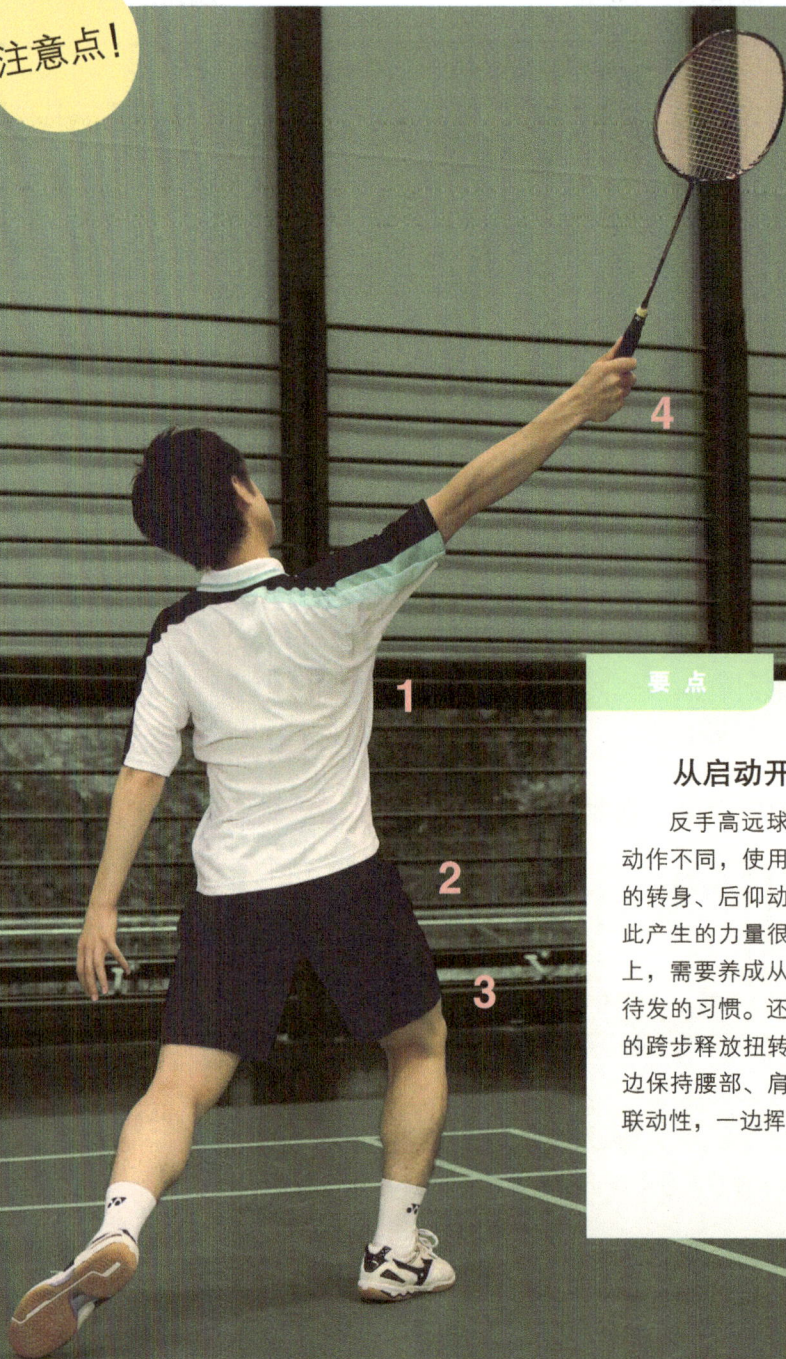

反手高远球

注意点！

4

1

2

3

要点

从启动开始蓄力

反手高远球与打头顶球的动作不同，使用的是与其相反的转身、后仰动作。为了将由此产生的力量很好地用在击球上，需要养成从启动开始蓄势待发的习惯。还要通过强有力的跨步释放扭转，需要注意一边保持腰部、肩胛骨、小手指联动性，一边挥拍。

击球难度最高的就是反手高远球。我们先来确认一下姿势的要点。

着眼点

1 是否一边蓄力一边移动

2 重心是否发生转移

3 是否通过跨步传送了力量

4 力量是否是从腰部向前端传导

→ **着眼点**

1 是否一边蓄力一边移动

打反手高远球的时候，能利用身体扭转动作打球的人并不多见。与头顶击球相同，利用躯干的后仰和前倾动作来打球的人更多些，这样一来，就不能将身体的全部力量发挥出来。

在动作开始时，加入身体的扭转动作，注意一边蓄积力量一边移动。球拍接触羽毛球前所积蓄的力量，是打远距离和高强度球的重要因素。

2 重心是否发生转移

身体扭转，向羽毛球要落下的位置移动时，为能把由其产生的力量全部传导出来，将重心移动到右脚上，保证稳定的跨步是重点。打反手高远球时向对手的后背方向击打，视线与打点的感觉都与平常不一样。

此时如果跨出的右脚不稳定、强度不够的话就会导致身体大幅度晃动，球也是在不稳定的状态下打出的。这样，不仅好不容易积蓄的力量无法发挥出来，甚至有可能会导致失误。

所以我们应该有意识地在击球时注意从左脚向右脚移动重心的同时，稳定地迈出右脚。

→ 有力回击反手高远球并打得远的要点是？

3 是否通过跨步传导了力量

好不容易积蓄了很强的力量，如果在打球的瞬间不能把力量从下半身传递到球拍的前端，那就失去了意义。能把下半身的力量传递到上半身的中转站是髋关节。髋关节稳定，力量就能顺利地传递。

相反若髋关节稳定性不够，力量就会散失，就不能打出远距离的球来。我们有必要在平时的训练中保证从开始动作到迈步时髋关节一直处于稳定的状态。

4 力量是否是从腰部向前端传导

详细内容在 P172 有介绍，腰到小手指是有筋膜相连接着的。从髋关节传导来的力量想要集中到羽毛球上，需要腰部的弯曲以及肩胛骨、肩、小手指等顺畅地发挥联动性。

就如同大家知道手腕的弯曲很重要一样，如果腰部能灵活地将身体像绳子一样一边弯曲一边击球，那么即使是反手高远球也可以打得又远又有力。

▶ 反手高远球控球能力出色的田儿贤一（日本）髋关节稳定感极强。

确认方法 1 模拟与实战相近的动作进行确认 ━━━━

1 是否一边蓄力一边移动

▲ 检查者观察球员是否在身体运动的同时加入了扭转的动作。

确认 ▶ 确认身体是否通过大幅度地运动来到击球位置处。让检查者观察球员是否有意识地进行扭转的动作，是否一边蓄力一边移动。

2 是否重心发生转移

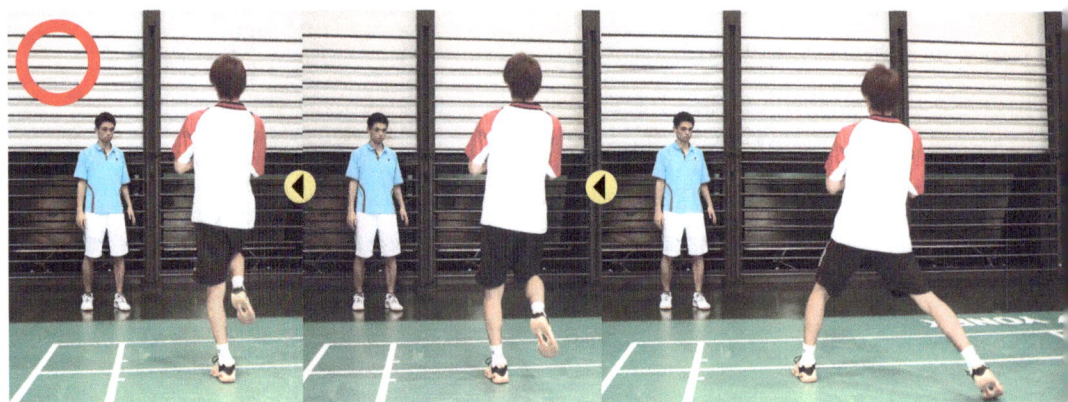

▲ 检查者确认球员的身体、头部是否有晃动。（照片中球员是左利手）

确认 ▶ 手在胸前并拢，像打反手高远球时的动作一样跨步。脚着地的同时，另一只脚的膝盖上提到腰的高度，在这种状态下保持静止。确认从中心轴（双手并拢的位置）开始，身体是否晃动、头部是否在动。

→ 为了打好反手高远球，来检测一下自己的不足之处吧。

3 身体的柔韧度

确认

在保持球拍上扬状态下，把注意点放在髋关节上，腰部向前推。把手放在腰上确认，是否能顺利地按照从腰到后背再到肩胛骨的顺序弯曲。另外，检查者向选手的手上施加阻力确认各个方向的力。

◀ 为保证腰部呈波浪式运动，即使球拍晃动也OK。

4 来自腰部的联动性

检测 ▶

手持羽毛球做打反手高远球的动作。动作比实际姿势幅度大些，检查能否将羽毛球投向远处。

▲ 从腰部开始使用后背、肩胛骨，将身体扭转到最大限度后投出羽毛球。

确认方法 2 **利用塑身运动确认**

1 将注意力放在骨盆的姿势

无法做到时请前往
↓
Exercise2・3！

确 认

　　检查自然站立状态，或者坐姿。确认从耳朵到肩部、骨盆、膝盖、脚尖是否呈一条直线。

2 迈步后的强度

确 认

无法做到时请前往
↓
Exercise 2！

　　检查者在反手高远球的击打点上施加阻力。确认来自下半身传导的力量有多大。

▶ 在各击打点上施加阻力确认强度。

→ 为打好反手高远球，来确认一下身体的弱点吧。

3　躯干强度

无法做到时请前往
↓
Exercise1 · 3！

确认

以打反手高远球的姿势坐在椅子上，检查者从各个方向在身体上施加阻力。确认力量弱的部分。

◀ 针对阻力，球员保持姿势不变还击。

4　躯干与手腕的联动性

确认▶ 单手扶在头后侧。检查者在肩上施加阻力确认力量强度。

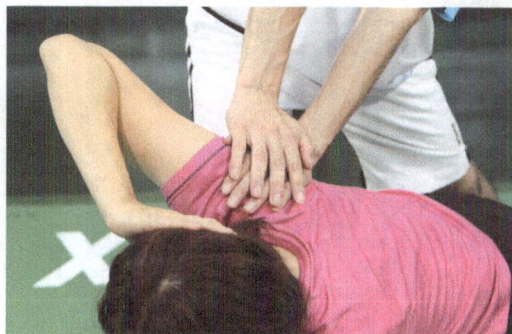

▲ 以不觉得疼痛为限。如果出现疼痛立即停止。

无法做到时请前往
↓
Exercise3 · 4！

一起试试吧！

练 习

羽毛球通常多采用正手击球的打法，所以身体向右半身方向扭转的动作比较多。反手高远球的动作对调整身体的左右平衡也非常有效，请大家一定好好练习。

1 Exercise 1
一边运动一边蓄力

要点

在运动的过程中有意识地加入扭转的动作。即使扭转的力最后已经释放，也不要忘了最后还要向反方向扭转回来。

■ 直立　　　　　　　■ 躯干前倾　　　　　　　■ 步法

▲ 手持实心球等原地转身。然后加入步法扭转身体。

2 Exercise 2
触够动作

要点

不能很好地转移身体重心或使用躯干的人，会侧腹僵硬无法完成触够动作。需要注意从骨盆和躯干伸展身体去做此动作。

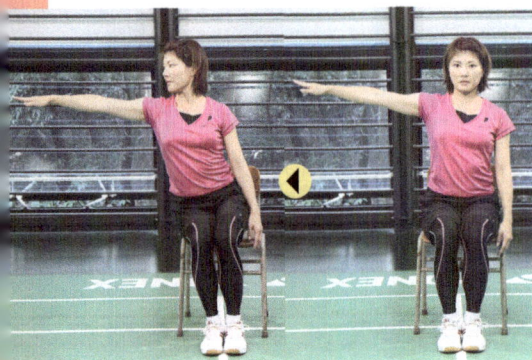

▼ 向上的触够动作，以伸展侧腹的姿势向上伸展手臂。

❶ 坐在椅子上将手伸直。　❷ 保持手伸展的状态，身体横向伸展。　▲ 注意手的位置不要低于肩部的水平线。

→ 以腰部周围为中心进行练习，锻炼扭转动作和躯干。

3 Exercise 3
躯干的自由度

开始

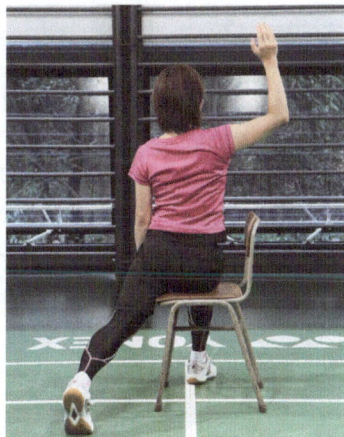

前后

左右

转动

要 点

坐在椅子上做扣羽毛球的姿势，将身体在前后、左右、转动三个方向运动。运动时身体不要晃动。

4 Exercise 4
腰的联动性（小指）

要 点

小指与腰依靠肌肉以及筋膜相连接，腰部的力量也可以传导到小指。只要以小指为轴，来注意手的动作，就能感受到力量传导方式的不同。

▲ 用小指握住羽毛球的球托，注意从腰部发力传递到小指挥出。

实践菜单

1 Practice 1 **从身体重心转移开始的扭转运动**

注意到蓄力、扭转动作、体重转移与反手高远球的必要关联，向高处投球。也可以想象是在投掷。

① 手持实心球，做反手高远球的姿势。
② 将球向后背方向用力往高处投出。
③ 即使投球结束也要将扭转动作保持到最后。

2 Practice 2
全身的扭转运动

① 像棒球击球手一样扭转身体。
② 迈出脚步全力挥动球拍。

▲ 惯用右手打球者像左手打球者一样将右半身向内侧扭转后挥拍。

一开始即大幅度扭转，把躯干的力量全部用上，挥拍后身体也要一直扭转到位。一边大口吐气一边做动作效果更好。

→ 让我们来记住顺畅的扭转动作与尽力扭转的感觉。

3 Practice 3
躯干的自由度（从腰部开始的联动性）

① 大幅度扭转身体，蓄积力量。
② 利用躯干全力回击对方发过来的球。

要点

不用太在意姿势，动作按照从腰、肩胛骨、肩、小指的顺序，以打得更远为目标。重要的是能顺畅地按照顺序打出球。

Step up

掌握大幅度地挥拍击球以后，接下来练习如何小幅度地挥拍来把球打远。锻炼的目标是瞬间的爆发力。

◀ 练习后再检测 P54~57! 看看效果如何吧！

接 球

关注点!

要 点

不浪费气力的活动身体

接球动作容易让人误解成是球拍上的动作或者手上的操作，但如果球已经碰到了球拍面却不能把回球打得很远，就会面临再被击回的局面。

所以与其重视球拍的出拍方法，或是姿势，还不如关注如何不浪费气力的把球打得远些。

为此需要好好地记住髋关节和躯干的使用方法。

1 2

3

要想将扣杀、推球回击到对方后场，首先来确认一下接发球的要领吧。

着眼点

1 球拍面是否有效地在来球的路线上接住来球

2 是否将球回击在想要打的方向

3 是否意识到从腰部到手腕的联动性

63

➡ 着 眼 点

1 球拍面是否有效地在来球的路线上接住来球

与大幅度挥拍将羽毛球打远不同，对接球而言，更重要的是在羽毛球的来球路线上如何更好地用球拍面接到球。无论力量有多大，如果球拍面不能触碰到球就没有意义。

如果无法做到让拍面与来球方向一致，那无论怎么练习接球能力也不会提高，所以我们先确认自己哪个来球方向的拍面掌握不好，然后谋求改善。

很多人处理不好反手侧腹位置的来球，是因为不能有效活动身体，从而无法控制拍面导致的。这说明身体的可活动区域上存在问题，可以通过空手挥拍等有意识地活动身体的方式来改善。一般很容易把注意力放在肩部的可活动区域，但我们应该首先提高躯干的可动性。

2 能否将球回击到想打的方向

虽说球拍打到球就可以，但是如果羽毛球的力量不够的话也会产生问题，所以为了接球时能将球打到球场的远端或者打向自己想进攻的方向，就必须从身体内部发出力来。

有了髋关节的稳定性，接发球时才会使用利用躯干发力。不像头顶击球那样，只要身体重心转移就能将球打远，接发球在处理快球时不需要那么大幅度的动作。为了做到尽量小的动作也可以把球打远，髋关节是非常重要的。通过提高髋关节的稳定性，就可以在短时间内能前后左右的活动躯干，并能顺畅地扭转。

首先确认自己的打法或者身体的弱点，通过练习和实践弥补不足的部分。因为还需要基本的躯干强化训练，让我们参考 P14~24 的躯干训练，让自己的身体不做无用动作而接到球。

确认接发球时必要的身体使用方法以及力量的强度吧！

3 是否意识到从腰部到手腕的联动性

能达到锻炼身体的目的当然很重要，但我们也要关注需要用到的肌肉、骨头部分。我们往往容易把关注点放在拍面控制上，但实际上挥拍动作的起点是躯干和髋关节。如果能时常意识到从身体发力，那么在难以应付的局面下用手发力击球或仅靠指尖控制拍面回球，也能打出强有力的球。

在接球时还需要注意腰部附近的区域。在一些练习里也曾经介绍过，即便只关注腰部的骶髂关节（右图）中的"骶骨"或"髂骨"也会出现差异。

另外，因为腰部的筋膜连接到小指末端，所以请记住保持对小指的关注是强有力接球的关键。保持关注是所有的人都做得到的，为了提高接球能力，让我们加强这项训练吧。

▼ 从前侧观察的骨盆。

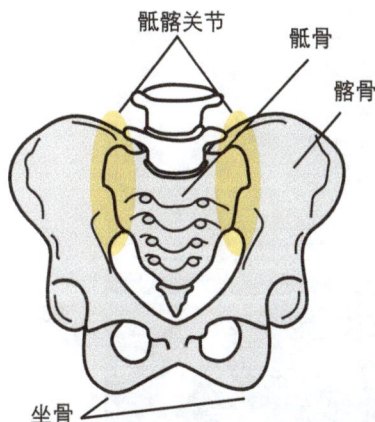

骶髂关节　骶骨　髂骨　坐骨

▶ 接发球前骨盆前屈，是强有力接发球的主要原因。（照片是丹麦选手阿萨尔森）

65

模拟与实战相近的动作进行确认

1 可动区域的确认

■ 正拍面

■ 反拍面

上　　　　　上

侧面　　　　侧面

下　　　　　下

■ 反手接来自正拍面上
　方的球

■ 反手接来自正拍面侧
　面的球

■ 侧身回球

从侧面

确 认 　检查能否从不同的方向用球拍面接球。检查者做出方向指示，确认接球时的姿势能否保持住，看是否能按照指示的方向快速出拍。

→ 2 个人 1 组测试接球时需要活动到的身体区域以及躯干的强度吧。

2 是否能产生足够的力量

- 正拍
- 反拍
- 球拍面和手两个地方

▲ 使用躯干的力量用球拍面推回。

确 认　在接球的打点位置把球拍停下来。检查者在球拍面或球拍面和手两个地方施加阻力，确认力量强度。

3 与腰部的联动性

向腰部施加阻力

确 认

以接球姿势站好，检查者向腰部施加阻力确认稳定性。然后被检查者手持球拍，向不同的方向空手挥拍，自己确认能否做到和腰部联动的挥拍动作。

▼ 下意识动作从腰部发力。

反手侧

确认方法 2　利用塑身运动确认

1　躯干的自由度（上半身）

无法做到时请前往
↓
Exercise2・3！

■开始

■前后

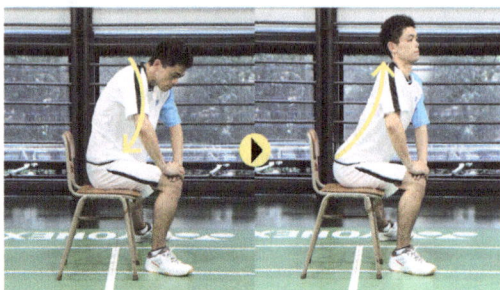

■左右

■扭转

确　认

臀部一侧坐在椅子上。确认前后、左右、扭转 3 个方向上不容易活动到的身体部位。

2　躯干的强度（反拍）

无法做到时请前往
↓
Exercise2・3！

确　认

以接球的打点位置摆好姿势。检查者向被检查者肩部施加阻力来确认躯干处对抗的力量的强度。

▲ 驼背的情况下无法保持姿势。
◀ 以挺胸的姿势对抗阻力。

→ 接球时下半身的稳定性非常重要。继续检查躯干的强度、身体的联动性。

无法做到时请前往

Exercise 1・2！

3 髋关节的稳定性

 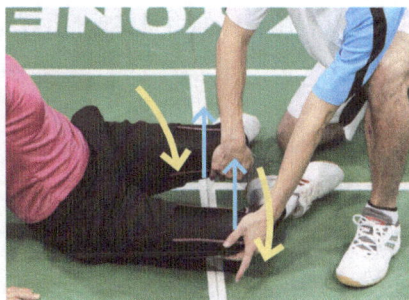 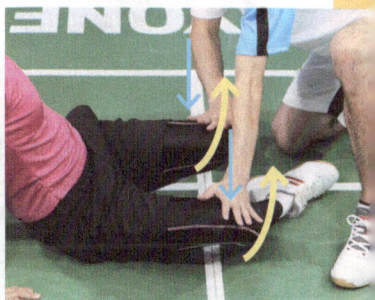

▲ 确认双膝倒向地板的力量。

▲ 确认双膝从地板处复原到原来位置的力量。

确认　　臀部着地坐下，双手抱膝然后将双手放身后支撑。检查者将手放在被检查者双膝上，伸直脊背，防止将身体重量压过去，确认被检查者的对抗力强度以及肩部有无移动。

无法做到时请前往

Exercise2・3！

4 活动时注意小指

▲ 膝盖弯曲蹲下来也没关系，只要头部以及身体无晃动即可。

确认　　用小指握住羽毛球，伸直手臂，目光集中在羽毛球上。手臂随即向后方旋转一圈，加入蹲坐的动作，确认能否在视线无晃动的情况下顺畅地运动手臂。

▲ 用小指握住羽毛球的球托部位转动手臂。

一起试试吧！

练习

　　记住身体的使用方法，利用躯干以及腰部的力量将球打远。如果可以在练习中将此项能力提高，那么只要在手可以达到的范围内，即使脚步不活动也可以利用身体的力量将球打回去。

❶ 浅坐在椅子上，双腿大幅度张开。
❷ 将手从膝盖内侧伸出，挺直脊背。左右交替进行这个动作。

1 Exercise 1
髋关节的稳定性

要点

　　本项练习是提高髋关节稳定性的练习。要注意身体不要晃动，同时将手伸直。

▲ 在握脚后跟之前，先将手臂伸直。

2 Exercise 2
提高使用椎骨、髂骨的意识

要点

　　叩击骶髂关节附近（骶骨和髂骨），提高对腰部的意识。

骨盆

骶髂关节附近

❶ 站立状态下前屈。
❷ 轻叩骶髂关节的部位。（也可以自己叩击）

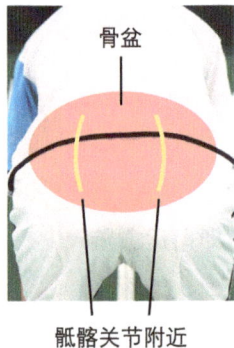

→ 髋关节和腰是接球动作的基础，通过练习来好好锻炼这两个部位吧！

3 Exercise 3
从腰部开始的联动性

■ 反拍面

■ 迈出一步时

■ 身体（正面）

■ 正拍面（反手应对）

❶ 用小手指握住羽毛球，像实际挥拍一样做挥动球拍的动作。

❷ 一开始脚不要动，然后再加入脚上动作做挥动球拍的动作。将小手指和腰部自然地联动起来。

要 点

即使伸直手臂能到达击打点位置，也容易变成用手的力量来打球，无法有力地把球打回去。所以为了形成强力的回球，必须先培养习惯，练习从腰部到小指的联动性。

71

一起试试吧！ 实践菜单

1 Practice 1
抛球练习

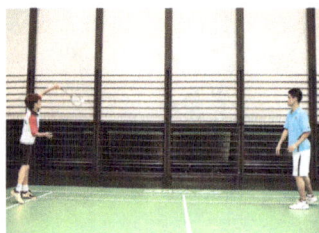

▲ 抛球时，要抛向对方的薄弱点。

要点

　　抛球的位置不仅限于正前方，也可以从斜方位，或者更近的距离从各种角度把羽毛球抛掷过来。

　　回球时也不必限定为一个方向，可向各个方向还击，以此来拓展接球的范围。

❶ 请队友抛掷羽毛球过来。
❷ 轻柔地将羽毛球打回。等习惯后稍微随性地有力还击。

接球时需要强度也需要柔性。可以利用抽墙练习来了解力量的强弱。

2 Practice 2
抽墙练习　推力

◀ 使用有弹力打法，球很容易就脱离了球拍。

❶ 准备柔软的橡胶球。
❷ 保持把橡胶球控制在球拍面上。

要点

　　这个练习的目的是为了提高球拍面作业的柔软度。不是靠球的弹力，而是以推力的感觉做抽墙练习。

　　球被控制在球拍面上越久，说明对球拍面作业的柔性操作掌握得越好。

3 Practice 3
抽墙练习　力量的吸收

▼ 将身体放松下来可以连续不停地打下去。

❶ 面向墙壁强力地抽打羽毛球。
❷ 吸收弹回的羽毛球的力量，做一次颠球。
❸ 等到羽毛球已经静止再打向墙壁。反复做此练习。

要点

　　在强有力的击球之后马上又要轻柔地使用球拍是格外困难的。仅仅使用腕力很难吸收其力量，所以必须动用全身来吸收。另外既要意识到这个练习可以是分辨力量强弱的练习，同时也可以作为打球结束后的准备练习。

◀ 练习后请再次确认 P66~69！看看效果如何吧！

发 球

注意！

要点

用躯干提高发球的质量

虽说发球受心理因素影响很大，但它终究是利用身体在打球。所以了解了身体的使用方法，能够控制力量，发球的成功率就会提高。

特别是使用手臂力量来发球的人，通过提高躯干的强度、髋关节的稳定程度，提高发球质量。请结合自身身体的特性和放松的方法，来琢磨一下改善发球的举措吧。

3

2

1

连续对打的第一个项目即是发球。不要用手发力，而要把注意力放在躯干和髋关节上。

着眼点

1 发球时的下半身是否稳定

单脚重心

双脚重心

2 全身是否放松

3 是否把力量加在想要进攻的方向上

着眼点

1 发球时下半身是否稳定

发球时究竟应该使用什么部位发力呢？有不少人认为应该是手或者腕部，但实际上发球也需要全身发力，这样才能更好地调整力量并控制力量。

在利用全身的力量发球之前，有必要打好基础。这个基础就是下半身的稳定性，其中髋关节和骨盆是重点。髋关节如果不摇晃，躯干也处于稳定状态，就能发好球，羽毛球的运动轨道也会更加稳定。发球时的站立姿势分为2种：双腿大幅分开一只脚后退一步的姿势，或者双腿横向分开。无论哪种姿势都必须保持髋关节以及骨盆的稳定性，所以让我们首先记住能保持髋关节周围稳定的姿势以及重心的移动方法吧。

2 全身是否放松

羽毛球发球失误即失分，发球质量稍差一点马上就会被对方回击回来。像网球、排球等都可以在发球阶段就开始进攻，而羽毛球通常发球方（尤其是双打）处于不利的地位。在发球时选手的压力变大，身体处于紧张状态，想发好球却偏偏失误的例子并不少见。因此就特别需要好好掌握一个放松的方法来缓解紧张的身体。放松虽然容易被认定是心理因素，但实际上半身质的要素也占很大的比重。

在武道的世界里有所谓"上虚下实"的俗语，如其所言，下半身蓄力，上半身卸力是非常重要的。这样的状态下，身体会比较容易放松，但只是意识到并不等同于可以掌握，还是有必要不断进行练习。

下半身的锻炼与上半身的放松是紧密联系的，让我们先来进行提高髋关节周围稳定性的躯干训练吧。

→ 让我们来了解为什么发球也与躯干、髋关节有很大关联吧。

3 是否在想要进攻的方向上发力

有人说一流的顶级选手的心理素质都很强大，其实也不尽然。有一些虽说也是顶级选手，但依然会发球失误，在一些重要场合发一些质量不高的球。

所以与其说顶级选手心理素质强大，倒不如说成为优秀的选手往往在对身体的使用方法、运动方法上是第一流的，所以落实在发球上，也就与心理素质的强大自然衔接起来了。当然经验的多寡、发球技术的优劣也都是影响发球好坏的因素，但最根本的还是要提高身体的能力。

一流选手的躯干都很有力量，这种力量都能很好地与发球动作相结合。即使是在发球时看起来身体根本不动的选手，实际上也是在巧妙地活动其骨盆、髋关节来发出力量，以较少的动作将力量传递到羽毛球上并进行控制。就如同以往介绍过的内容，髋关节的稳定与躯干的力量，是影响自由度的关键。

尝试练习发球不仅靠手臂、手腕、手指的运动，而是使用躯干发力的方法。

▶ 顶级选手的动作看起来幅度都不大，但是对身体有所控制将力量传递到球拍上。（照片为日本选手松友美左纪）

确认方法 1　模拟与实战相近的动作进行确认

1 下半身、躯干的稳定性

确　认

针对发球的基本姿势，检查者向球员肩部、后背、胸部施加力量确认姿势能否保持，髋关节是否晃动，腿是否晃动。

2 下半身的稳定性
确认重心

确　认

发球的姿势中，自行确认重心是否倒向后侧，前脚的支撑点是否偏向脚外侧等。

▶ 尽可能的稳定重心。

在此之前介绍过发球时要注意躯干、骨盆的稳定性以及放松程度，现在让我们来检测一下吧。

3 非轴心脚的自由度

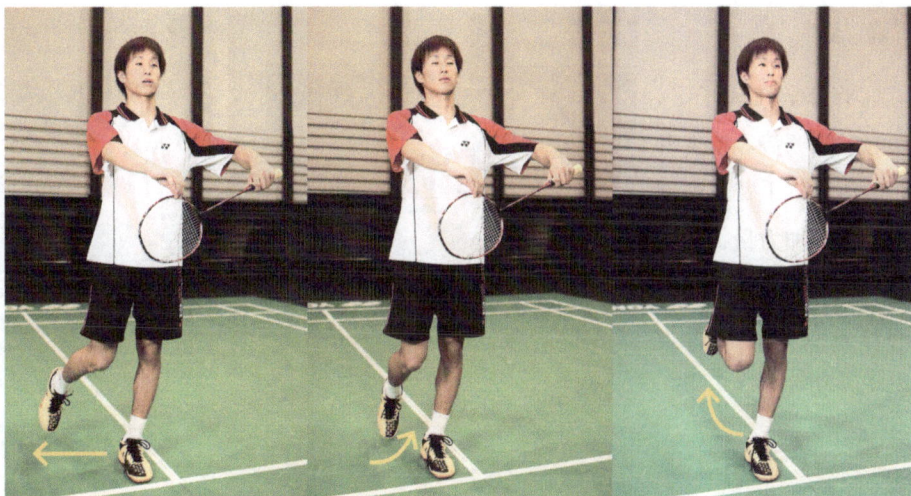

确认   确认轴心脚与非轴心脚的放松状态。在发球的姿势下，确认后脚能否离开地面左右摆动、上提。

4 能否在想要进攻的方向发力

确认

做出发球姿势，检查者在球员持球拍的手上施加阻力。确认是否在直线球、斜线球、发远球等方向上稳妥地用上力量。

▶ 一定要变换角度、方向来确认力量。

79

确认方法 ② 利用塑身运动确认

无法做到的话请前往
↓
Exercise1！

1 躯干的稳定性

确认

半身坐在椅子上，摆好发球姿势。检查者在球员手、手臂、肩部等部位施加力量，确认髋关节是否晃动、手臂的位置及身体是否也出现晃动等。

2 放松程度

无法做到的话请前往
↓
Exercise2·4！

■ 头部绕转运动

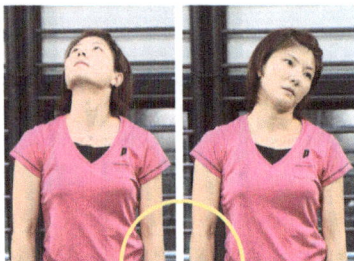
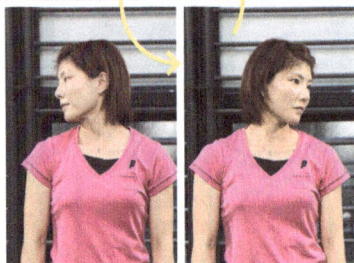

■ 肩部上下运动

■ 肩部前后运动

■ 单腿跳

确认

为了提高放松效果，确认能否做到骨盆、肋骨等不动的前提下，上下前后活动肩部，顺畅地扭转头部。然后再确认单腿跳时肩膀、头部等部位是否用力。

→ 确认一下发球时所必需的身体强度吧。

3 骨盆的强度

无法做到的话请前往

↓

Exercise3・4！

前面看

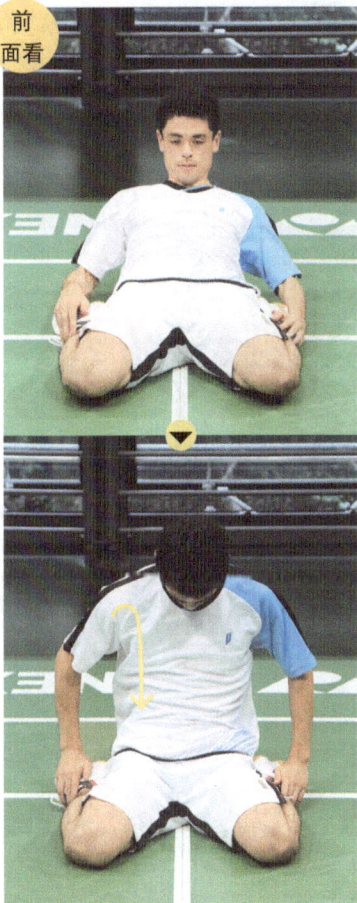

侧面看

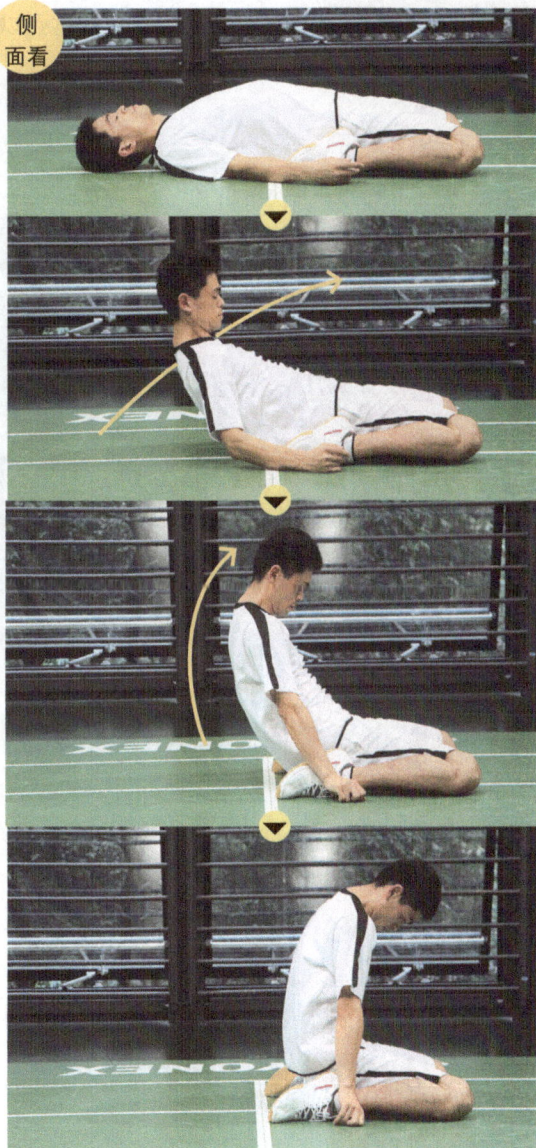

确　认

为确认与发球稳定相关联的腰、骨盆的强度，让臀部坐在双腿之间，分开双膝盖，将后背倒向地板，再卷着身体坐起来。

▲ 确认能否卷着身体起来。

一起试试吧!

练　习

　　发球姿势不好时就不能将球稳定地按预想的轨迹打出去，有可能发生被对手回击或者球触碰到网的状况。因此先要注意在骨盆稳定的状态下发球。让我们通过练习达到以躯干为起点将力量传递到手臂和手指上来击球吧。

1 Exercise 1
躯干的稳定性 后仰力

要　点

　　一边关注骨盆，一边慢慢将身体向后侧弯曲，再卷动身体返回到初始位置。

① 将一半身体坐在椅子上，双手置于膝盖上。
② 身体像弓一样后仰，再慢慢返回。重复此动作。

2 Exercise 2
放松方法

要　点

　　比赛前肌肉会处于紧张状态，在身体的某个地方增加多余的压力。这种状态下不容易发挥出最好的效果，所以为了身体能自如地活动，一次性卸掉全身力量的感觉非常重要。

▲ 仰卧姿势，卸掉身体上的力气。手掌心向上平放是要点。

→ 练习不依靠手臂、手指的力量，而用全身发力来发球。

3 Exercise 3
骨盆的稳定性

❶ 取面朝下俯卧姿势。将右手向上抬起，同时左腿向上抬起。

❷ 左手向上抬起，同时右腿上抬。重复此动作。

要点

下意识地从骨盆处开始将手、腿同时向上抬起。

4 Exercise 4
单腿跳

❶ 双手在胸前交叉。

❷ 进行单腿跳动作。

要点

不要晃动头部，注意身体保持笔直地向上跳。如果没有利用好躯干，人会容易倾斜。通过向前后左右等各个方向的动作练习，身体的轴心会变得稳定。

实践菜单

1 Practice 1
躯干的稳定度

发球的姿势下用 10 秒来调整自己。

> **要点**
>
> 发球是很讲究策略的。一边呼吸一边给自己用来调整的时间。

2 Practice 2
放松方法

> **要点**
>
> 缓解紧张的方法就是给身体最大限度的力量。打球后把力量卸去，就可以调整力量。

3 Practice 3
髋关节的稳定

❶ 在网上放置 2 个羽毛球。
❷ 发球让球从 2 个羽毛球之间通过。

> **要点**
>
> 这是一个控制性的练习，保持髋关节的稳定，以躯干打球的意识来发球。

锻炼了发球必须用到的躯干以及髋关节后，我们再来使用羽毛球进行实际操作的练习吧！

4 Practice 4
从腰部开始的联动性

① 以发长远球的准备做好发球姿势。

② 向前迈出一步，以发长远球时的姿势来发短球。

要 点

发长远球时自然地使用到腰部的力量。打得好的人能把腰部的动作控制在最小范围，因此我们要先从幅度较大的动作开始，渐渐减少至小幅度的动作来练习。

5 Practice 5
躯干的控制

① 站在发球线稍远的位置，一直走到发球打点的位置。

② 利用走步过程中的势能来发球。打出的瞬间止住身体。

要 点

习惯上述动作后，一边更好地控制躯干的力量，一边分开做短球、长远球的发球练习。

← 练习后再确认 P78~81！看看效果如何吧！

步　法

确认姿势

注意！

要点

将躯干包含在内，全身动起来！

　　在步法上如果身体缺乏稳定性，就打不出好球。脚的活动方法、跨步方法因人而异，但重点是不要仅靠脚部（下半身）力量运动，而是要将躯干包含在内，做全身运动。在步法练习时要同时考虑从启动姿势到挥拍为止的稳定性、击打之后的个人感觉这些因素。

动作迅捷，步法稳定，我们要建立这样的身体机制！

着眼点

1 是否能做好启动时的初始姿势

2 启动步伐的品质如何

3 是否能向各个方向准确地移动到位

4 在击球点的位置上是否状态稳定

着眼点

1 是否能做好启动时的初始姿势

如果启动时的姿势不到位的话，就会出现很多多余的动作。我们来确认一下在中立位置时姿势是否到位。开始姿势的要点是身体的平衡。

动作启动时身体向左右的一方倾斜，或者重心落在后面的话，身体都不能准确地移动到位。所以我们要先在中立位置端正骨盆，掌握正确的姿势，无论朝哪个方向都能活动。

2 启动步伐的品质如何

本书所推荐的启动步伐方法，即有效地使用躯干，将其与启动步伐有效地衔接起来。在对手进攻前，做一些跳动之类的预备动作，要先确保能够控制身体中的肌肉、骨骼等，从而实现顺畅的启动动作。

比如，一边伸展身体的侧面（侧腹）一边弯曲另一侧的侧面，向伸展侧移动重心。只要记住一个这样的动作，就能够将躯干的力量用于启动动作，提高步法的质量。

同时，这个发力点从骨盆延续到背部，进一步到达打羽毛球所必需的髂腰肌。我们应该努力做到巧妙地使用躯干，尽量减少预备动作。

3 是否能向各个方向准确地移动到位

步法上要求做到能向各个方向准确地移动到位。如果存在着不擅长的方向却不改进，在比赛时就会成为自己的弱点，最终导致失分。

不能准确地移动到位的原因可能是启动时的准备姿势存在问题，或是步伐启动时品质不高，但不论何种原因球员都要记住一些有效的可以到达羽毛球下方的步法。并步或者跳步等有变化的步伐，是支持身体重心移动的重要技术。努力做到能够在稳定的状态下进行各种动作吧。

→ 想一想顺畅的步法所必需的要素吧。

4 是否在击球点位置稳定地停下来打球

步法不仅仅是以移动为目的，还要意识到它是与稳定地挥拍紧密相关的。也许这样说有点儿极端，如果能够每次都找准位置，可以稳定地进攻的话，那么即使步法上速度慢些也无妨。

当然这并不是说只要能把球打得稳定，就可以疏忽步法了。羽毛球是人与人之间的竞技，对战的选手哪怕只动了一下脚步，都会生出多种多样的球路来。对方的水平越高，自己被动做的动作就会越多，所以平时的步法练习是必要的。这个无论是对新手还是世界顶级选手都是一样的。

为了能稳定地击球，需要保持起步位置上的平衡以及躯干的稳定。除此之外我们还要有一种意识即"步法一直持续到回到原位。"如果能够迅速地恢复体势，就会有充裕的时间做好下一次的启动姿势。这与稳定的步法、迈步是密不可分的，所以我们在练习中要保持对姿势、迈步、挥拍后复位的高度意识。

▶ 伦敦奥运会金牌获得者——中国运动员李雪芮通过调动躯干的力量，做到步法上不做任何多余动作。

确认方法 **1** 模拟与实战相近的动作进行确认 ────

1 迈步启动时的稳定性

▲ 从后面施加力量。

▲ 稳定性不够，身体会前倾，容易倒。

确　认

在进行步法移动之前先确定站立时的稳定性。检查者从后面或者侧面向球员身体施加力量，确认骨盆或者躯干是否晃动、是不是姿势马上就无法保持稳定。

2 迈出第一步的启动姿势

确　认 确认开始步法移动时的姿势。

看看重心是否偏移，头部有无晃动等。

▲ 上半身向后倾倒。

▲ 身体的中心不动，头部横向倾斜。

→ 步法对身体的稳定性要求很高。让我们一边注意姿势一边来确定动作的方法吧。

3　步法的质量

确认

检查是否在没有做多余动作的情况下向指定的方向进行了步法的移动。检查者确认球员头部的晃动幅度以及步法是否顺畅。

◀ 检查者针对球员步法上的问题点进行指导。

4　击球点位置的稳定性

■ **头顶杀球**

◀ 挥拍后，换脚，单腿保持平衡。

确认

步法练习中挥拍结束后，双手展开，一条腿提膝到腰，另一条腿保持平衡站立。确认头部有无晃动、身体有无抖动等。

■ **反手高远球**

◀ 在打反手高远球时单腿保持平衡。

确认方法 2 **利用塑身运动确认**

1 开始姿势的平衡

无法做到时请前往
↓
Exercise1・2！

确　认　　确认身体左右的体重差。使用与体重计相同高度的杂志等，一只脚站在体重计上一只脚站在杂志上。放松站立时确认身体左右的体重差有多少。

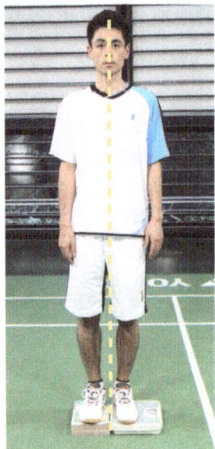

◀ 体重如果没有左右差就容易做到起步顺利。

◀ 体重差大，重心会发生偏移，对起步产生不利影响。

2 骨盆的可动性

无法做到时请前往
↓
Exercise1・2！

确　认　　确认与准确地移动到位相关联的骨盆、躯干的可动区域。肩膀保持不动的状态，像画圆圈一样转动骨盆，球员自行确认那些动起来不太容易的地方。身体不平衡，有些部分会不容易活动。

■ 站立姿势

■ 两脚开立姿势

■ 两脚大幅度开立姿势

确认身体的平衡和骨盆的可活动区域吧！

3 中心位置上的自由度

无法做到时请前往
Exercise4・5！

■ 开始

■ 前后

■ 左右

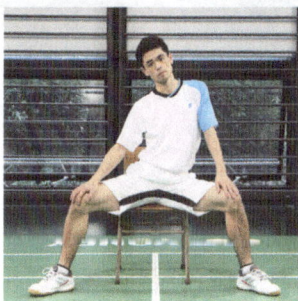

■ 扭转

确认

在坐在椅子上，大幅度张开腿。将身体向前后、左右、扭转 3 个方向运动。确认头部有无晃动，身体能否顺畅地活动。

4 迈步的稳定性

无法做到时请前往
Exercise1・2・3！

确认　微微弯曲膝盖的状态下站立，检查者确认球员膝盖的内侧、在骨盆上施加力量之后腰腿的强度。也要确认一下球打出去之后位置上的稳定性。

为了确认球打出去之后的稳定性，在迈步位置上停止（左图中左侧图），让检查者给球员施加力量。

一起试试吧！

练习

作为下半身和上半身的衔接部位——髋关节和骨盆，对迈步的动作会产生很大的影响。臀部上提或者起身动作都是最适合锻炼髋关节、骨盆的运动。大家可以慢慢来，试着挑战一下。

1 髋关节、骨盆的强化

臀部上提 & 起身动作

Exercise 1

取仰卧状态。从膝盖开始延展腹部（胸口），抬起腰部。

Exercise 2

❶ 采用跪立姿势，下意识用膝盖支撑身体，上半身向后仰。

❷ 在不勉强的限度内向外倒，然后身体慢慢回到原位。

要点

上述动作都是锻炼影响步法稳定性的髋关节、骨盆。也可以挑战从躺卧状态起身的动作，觉得困难的就从这两个动作开始练习吧。

2 Exercise 3
轴心姿势变形的修正

要点

伸展轴心变形的左侧部分（收缩侧）。

在步法启动时，比如向左侧倾斜身体的人，保持坐在椅子的状态上抬左手臂成直线。做这个动作时留意自己的小手指。

94

要想掌握全身发力的步法，我们需要从髋关节、骨盆的练习做起！

3 Exercise 4
骨盆底部的训练

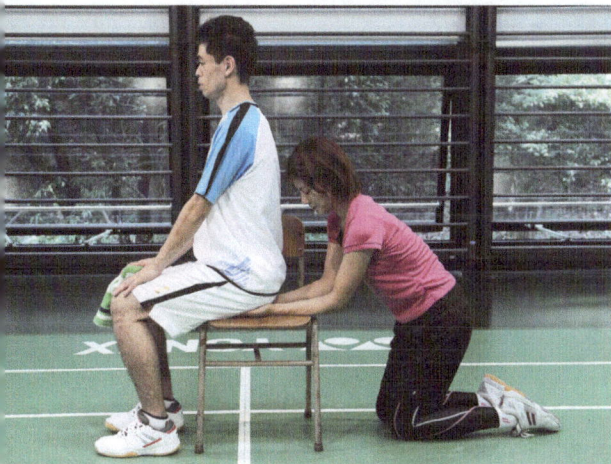

Exercise 5

请队友将双手置于臀部下面，左右交替活动坐骨。

要点

骨盆是身体活动的起点，这里主要练习活动其重要部分的坐骨。注意头部不要晃动，骨盆、坐骨做各种各样的运动。

取坐姿双腿向前伸直。一边左右活动坐骨一边向前移动。

一起试
试吧！

实践菜单

1 Practice 1
交替快慢跑

滑步

轻跳

大跳

横向交叉

要点

　　这是拓展躯干可活动区域的重要练习。特别是滑步是田儿贤一选手在中学时代即开始进行的练习，蹬地时要注意后脚有抓地的感觉。

　　交替快慢跑时要注意视线不要上下左右晃动，一定要前、后都按照线上的基准来进行。

→ 要想在激烈的动作中保持身体不晃动，就要在练习中注意躯干的稳定性和强度。

2 Practice 2
强化骨盆、躯干

❶ 按照步法启动姿势摆好姿势。
❷ 检查者在球员腰部（骨盆）等地方施加比较大的力量。
❸ 球员尽全力抗衡。

要 点

要注意抗衡时身体不要晃动。不是受力部位发力抗衡，而要使用髋关节、骨盆等身体全部的力量。

▲ 上半身或下半身出现失衡情况。

❶ 手持剑球等容易滑落的物品。
❷ 向各个方向迈步，保证手里的东西不要掉落下去。

3 Practice 3
迈步方向上的稳定性

要 点

这个练习可以提高迈步方向上的稳定性。躯干晃动的话，手持的东西就会掉落下来。所以要一边注意全身的稳定，一面进行迈步练习。

← 练习后请再确认 P90~93。看看效果如何吧！

专栏 关于身体的谈话 1

陶菲克·希达亚特的反手技术分析

2004 年雅典奥运会男子单打金牌获得者——印度尼西亚运动员陶菲克·希达亚特，虽然现在已经退役了，但是作为羽毛球反手名将仍然闻名于世。

尤其是他能连续不断地进行强有力的反手扣杀，还具有超凡的缓急巧妙交织的控制能力。

陶菲克的球技如此高超的原因之一就是他的"扭转"功夫相当出色。陶菲克在做出需要打反手高远球判断的瞬间，就会迅速地扭转身体跃到羽毛球位置下。由于此时力量已经完全蓄积在身体里，随即再利用身体的离心力以及躯干的力量进行击球，就会打出丝毫不逊色于正手击球时的好球来。

陶菲克更出色的地方在于他的髋关节的稳定性。很多人一加上扭转的动作就会导致髋关节和躯干晃动，腰和腿都发飘。但是陶菲克的躯干和髋关节能充分地联动，头部和视线都毫无晃动，准确地捕捉到羽毛球后将力量传递出去。

每次去观战陶菲克的比赛，都感觉他好像打得特别轻松，但实际上分解他的身体动作，就会明白他的身上具有别人无法模仿的高超技艺与稳定性。

▲ 扭转与稳定性两方面都能兼顾的陶菲克，在打反手高远球时可以自由自在地控制羽毛球。

第 3 章

烦恼咨询
Trouble Consultation

01

想要将对方的扣杀球反击回后场

记住使用全身力量接球，将对方的扣杀球反击回后场。

着眼点 接扣杀球的要诀

■ 思考一下接球失误的基本原因

接球时往往不是靠技巧反击来球，而是以身体的强度为支撑回球，这样才能保证球路稳定。不然即使球拍打到了羽毛球，也会因身体的左右晃动，或者向后仰等，不能将球回得又高又远，最终导致对方连续不断地攻击。

接球失误可能是因为自己的技术不过关，也可能与对手的打法有关。

如果因为被对方的杀球压制而失分，就容易产生"对手的杀球实在太快了，根本没办法"的想法。但如果不好好反思总结的话，就无法提升自己的水平。不能把球反击到对方的后场是有原因的。真正开始思考这个问题，才是进入到下一个阶段的前奏。

■ 将来自下半身的力量紧密地与球拍连接起来

将球回击到对方后场，关键是髋关节的稳定、躯干的自由度。分析那些接球技术好的球员，他们的下半身一定是稳定的，而且能感到其挥拍带出来的力量是非常强的。这是因为在接球之前做了充分的准备，全身处于稳定的状态，所以没有多余的动作，能够充分使用全身的力量。如果是在不稳定的状态下就把球接起来，那也

就只是在用手部的力量而已，无法将球回击到对方后场。

为了提高接球的水平，首先重新研究一下对方打出扣杀球之前的姿势，然后检查自己是否是在来球的路线上出拍，是否是身体发力打在球上。虽然一次练习不容易看出成果，但通过一次次小的进步和积累，最后就能达到稳定接球的目标。

接球1
接球2
挑球
高远球
吊球
推球
平抽球
假动作
前场防守
扣球
反手球
接发球

考 察

烦恼的原因 **1** **球拍面是否迎着来球路线**

确 认 ▶ 　　用空手挥拍的形式确认接球时是否能将球拍朝各个方向挥出。一开始脚上不要有动作，看看能把球拍挥到什么位置。然后再加上脚上的动作确认能将球拍挥到什么位置。

■ 正手侧　　　　　　　　■ 正面　　　　　　　　　■ 反手侧

▲ 在迎向羽毛球飞来的路线上挥出球拍，考虑以怎样的轨迹来挥拍很重要。

让我们思考一下接球后不能将球击回到对方后场的原因吧。

烦恼的原因 ② 挥拍时用不上力

▲ 向想要打出的高轨迹方向发力。

确认

确认一下是否有足够的力量把球打回对方后场，检查者在击球点的位置向球员手上施加力量。如果身体没有伸展，就无法向高轨迹方向发力。

烦恼的原因 ③ 重心落在后面

▲ 臀部下沉状态下的挥拍。

▲ 腰部不要向后弓，使之稳定，手上就会生出力量。

确认

接球时躯干的力量以及重心移动很关键。在接球时，重心落在后面的话，力量无法传递，球就无法到达对方后场。检查重心和姿势。

103

解决方法

做到在来球路线上准确出拍
抛球练习

要 点

朝各个方向投出羽毛球或柔软的海绵球。练习者尽早准备好球拍后挥拍将球打远。

▲ 面向羽毛球或海绵球的来球路线出拍，然后再挥拍。

使用身体发力击球
大幅向上颠球

要 点

要将球打到对方后场，就一定想着要使用全身的力量。使用身体前屈的力、后仰的力，将球向正上方颠起。

▲ 击球时从指尖开始向球拍传递力量，就可以把羽毛球打到正上方。

→ 为了能做到使用身体的力量来接球，好好锻炼躯干吧。

解决方法 **3**

为了能将力量传递到羽毛球上

伸展脊背

■ 臀部上提

要 点

为了将球打到对方场地的远端，身体（特别是脊背）的伸展很重要。通过伸展脊背的练习就可以积蓄将球打远的必要力量。

▲ 提高髋关节的稳定性，将接球姿势做到位。

■ 躯干训练

▼ 单膝跪立的状态下，将另一条腿向后伸，身体向前倾。髋关节和肩的位置保持不变，从前倾的姿势转为身体前后活动。

开始　前后　转动

◀ 前倾的状态下扭转身体。

想要将扣杀球回击到网前

让我们记住将扣杀球轻柔地回击到网前的要点吧。

着眼点　接扣杀球的诀窍

■ 顺势卸力

为了将对方扣杀球回击到网前，需要很好地卸去对方扣杀的力量。有技巧的球员也许会仅利用手腕或手臂的力量来接球，但那样会产生更大的弹力。

对手的水平较低时，自然可以轻松地处理好，但是一旦对方是高水平选手或者是有攻击力的选手，就有可能被压制住，无法顺利卸去对方扣杀的力量。虽然也可以用手腕来回球，但是希望能做到同时动用骨盆、躯干等全身力量来接球。

要点是在接球前将身体向前屈，看能不能做出"兜"状的环抱姿势。如果身体柔韧性不够，接球时就无法做出正确动作。脊背的僵硬、肩胛骨的僵硬会对接球产生影响，所以先从平时的练习开始，通过躯干训练等做到身体前屈、后弯的动作。

■ 使用身体的意识关系到水平的提高

进行扣杀时，有时会因肌肉力量的增强，球速加快，但并不是说在接球时只要增强了肌肉力量，就可以提高接球能力。甚至可以说，身体的柔韧性、球拍面的操作技巧等反而远比肌肉力量更为重要。

提高身体的柔韧性，也许有人会想到"拉伸"，其实通过躯干的训练也可以提高柔韧性。我们可以继续做拉伸，同时通过躯干训练提高身体的柔韧性。

接球1
接球2
挑球
高远球
吊球
推球
平抽球
假动作
前场防守
扣球
反手球
接发推球

107

考 察

1 不会出拍

确 认　确认能否顺利地在扣杀线路上挥拍。在挥拍之前，要下意识地先将拍面置于接球点上（照片为左利手）。

▲ 往各个方向挥出球拍面。

→ 了解为什么难以将接球落到网前。

烦恼的原因 ② 无法在来球路线上准确挥拍

确 认

一边摆动一边挥拍时很难控制好球拍。可以让队友把羽毛球投掷过来，从一开始就下意识地练习用拍面接球。

◀ 如果球拍挥出慢了，球就已经逼近，会很难控制。

烦恼的原因 ③ 无法使用骨盆、脊柱

确 认

在接球的姿势上确认身体是否具备足够的柔韧性。在骨盆直立状态下，使用脊柱和肩胛骨将身体前屈、后仰。

◀ 如果腰太往后拉伸，就不能很好地利用身体的柔韧性。

接球1 / 接球2 / 挑球 / 高远球 / 吊球 / 推球 / 平抽球 / 假动作 / 前场防守 / 扣球 / 反手球 / 接发推球

解决方法

为了能顺势卸力
解决方法 1
前后活动身体、转动骨盆

■ 转动骨盆

■ 身体前后活动

要 点

为了能够轻柔地将来球打回去，先要提高身体的灵活性。除了 P14~24 的躯干练习之外，再加入骨盆转动以及躯干的前后、左右、扭转的动作。

为了能顺势卸力
解决方法 2
用球拍做一次颠球

要 点

以吸收来球势能为目的将对方的扣杀球在体前颠起。然后或用手抓住球，或将其停止在球拍上，或将其打回去。在一开始要注意接球时身体或前屈、或后仰地挑球。

▲ 把羽毛球打起来后，再进行后续的动作。

→ 通过练习让自己的身体能够轻柔地吸收羽毛球的势能。

解决方法 3

为了在来球路线上挥拍
通过抛球练习提高挥拍的意识

要点

　　请对方从各个方向抛球过来，然后轻柔地回球。在羽毛球到来之前先在来球路线上挥出球拍。

◀ 不是一边挥拍一边打，而是先让球拍到达击球点的位置。

解决方法 4

为提高身体整体的灵活性
对着墙壁抽球

要点

　　全力击球之后，马上调整到放松的状态，将反弹回来的球轻柔地用球拍接住。特别是要使用骨盆、腰部的力量轻柔地接球。

▲ 注意打球后要放松。尝试着即使速度很快，身体依旧柔软灵活。

接球1

接球2

挑球

高远球

吊球

推球

平抽挡

假动作

前场防守

扣球

反手球

接发推球

03

希望打出不同高度的挑球

为了调整挑球的高度，来记住一些必要的身体的使用方法吧。

着眼点 打好挑球的诀窍

■ 提高跨步的稳定性

不能打好挑球的人，或者无法有区别地打出高度差的人，需要确认一下跨步时的稳定性。一般打挑球时失误的人，跨步时都明显有比较松散的倾向。因为髋关节周围不稳定，所以躯干发出的力无法传导到羽毛球上，就不能有控制地打出挑球。

为了提高稳定性，先试着想一想跨步时的姿势。打挑球时下半身姿势（膝盖的角度，以及脚步的迈出方式）的关键是以髋关节为中心的躯干的使用方法。队友或者指导者先来确认：①上半身是否有前倾；②腰是否伸直，如果姿势做得不到位，就要通过训练来改善。

对于一些比较刁钻的线路球，确认姿势有没有做到位是非常关键的。

■ 调动全身力量来打球

意识到下半身与上半身的联动性，就可以打出全身发力的挑球。有不同的挑球：① 打向场地后场的同时在空中较高位置的挑球，② 快速、低轨迹打出的挑球，但无论哪一种都要在跨步后保持腰部的稳定，挺直胸口，伸展脊背。

如果脊背不伸展，就不能动用身体的力量，结果就变成了"用手发力来打球"。即使是在跨步上好不容易实现了稳定，如果用躯干发力来打球的意识不够充分，也不能打出理想的挑球。

我们要避免用手发力来打球，记住用躯干来出击的打法。

接球1
接球2
挑球
高远球
吊球
推球
平抽球
假动作
前场防守
扣球
反手球
接发推球

113

考 察

烦恼的原因 1 不能很好地使用髋关节

■ 反手

■ 正手

▲ 确认正手或反手能否在改变高度的情况下以相同的力量与对方抗衡。

▲ 腰向后仰，力量上会输给对方。

确 认 ▶ 请队友在挑球时的击球点上施加阻力，检查自己是否在用骨关节发力。如果姿势不稳或简单地被对方推开，就说明没有用股关节发力。

烦恼的原因 2 跨步时没有稳定感

确 认

在跨步姿势下，让队友在自己的大腿或膝盖上施加阻力。如果脚轻易就从地板上离开，或者身体晃动，就说明下半身缺乏稳定性。

◀ 分别从内侧、外侧两个方向施加力量，确认身体的晃动情况。

→ 确认一下不能打出挑球的人的烦恼所在吧。

烦恼的原因　3　上半身向前冲

前面看

侧面看

▲ 如果上半身向前冲，就不能很好地控制羽毛球。胸部挺直、抑制身体向前倾斜的姿势。

确 认

确认跨步时身体是否有极端的向前倾倒的趋势。头部过于向前，超过膝盖或胸部没有张开，这些上半身倒向地面的姿势都会导致不稳定，不容易打出网前小球。

烦恼的原因　4　用手发力打球

确 认

如果上半身与下半身没有顺畅地联动，姿势就没有统一性，变成用手发力来打球。我们应该从迈步开始就意识到躯体的稳定性并用身体发力来打球。

◀ 使用躯干就可以提高手的操控性，打出高质量的挑球。

接球1
接球2
挑球
高远球
吊球
推球
平抽球
假动作
前场防守
扣球
反手球
接发推球

解决方法

解决方法　**1**

为了使用躯干来打球
在向前迈步状态下发力

上半身面向地面。

把身体的重量加在髋关节的上面，上半身朝前。

要　点

　　很好利用髋关节发力的状态，与没有使用髋关节发力的状态，哪个更能发出强大的力量？了解这一点是非常重要的。不了解躯干与骨盆关系的人，只要记住骨盆在脚尖上方就好了。

解决方法　**2**

为强化跨步的力量
从下半身开始将身体往上顶

要　点

　　为锻炼跨步的力量，进行施加阻力的训练。身体向下的话，就容易弓背前屈，力量就无法传导，所以要挺起胸部把阻力顶回去。

▲ 在有高低差的地方一只脚站在高处，将身体往上顶。利用全身力量来对抗阻力。

→ 为了能以稳定的姿势打出不同的挑球，锻炼一下必要的部分吧。

接球1
接球2
挑球
高远球
吊球
推球
平抽球
假动作
前场防守
扣球
反手球
接杀推球

解决方法 3

为了把上半身立起来
全身发力将羽毛球向正上方抛掷

要 点

　　弓背前屈的人容易上半身向前倾，姿势变差。为了能大幅度打开身体，一边挺胸一边将羽毛球（或者球）向上抛掷。把跨步的力量按从躯干到手腕到手再到羽毛球的顺序顺畅衔接。

解决方法 4

为了打出不同高度的挑球
动用全身的力量向正上方或前方打挑球

要 点

　　用最大限度的力将抛来的球向正上方打出去。如果已经能打好，就调整力量向前打。在向前打球时，开始挥拍幅度要小，然后慢慢加大幅度。

▲ 击球的时间点：①与跨步同时或是在起步前；②跨步后稍微有些时间间隔；③跨步后，边后撤步边击球。

04

希望打好高
远球

让我们记住把高远球打到对方
后场所必需的身体使用方法吧。

着眼点　打高远球的诀窍

■ 意识到身体的联动性

"我打不好高远球"，这样的烦恼总是从一些未成年球员或者年长球员、女性球员那里听说。未成年球员因为体格的原因力量不足，或者不能正确地使用球拍面。女性球员或者年长球员则大多是不能很好地调用全身的力量。未成年球员随着成长会渐渐克服这个问题，而年长球员和女性球员却因为勉强用力，导致肩部或者肘部伤病的例子不胜枚举。那么来思考一下"为什么不能打出高远球"，然后了解自己身体的强项、弱项就变得很重要。我们假定选手 A 不能打好高远球的原因是"肩部不怎么上抬"，

那么是不是说只要一说到肩部不上抬，只需以肩部为中心来锻炼（空挥拍或者抛球练习等）就可以了呢? 实际上并不是那样的。

为什么不能使用肩部的原因也是多种多样的，比如"使用躯干没想着把肩部上抬"或者"没有使用手腕的翻转"等。也就是说，问题的原因不在肩部，而大多是肩部与其他肌肉和骨骼的联动性不够导致肩部无法上抬。不要在一个部位寻找原因，而是从身体上广泛地寻找原因，那样就能意外地、更迅速地找到解决办法。

■ 好好利用重心移动

解决无法把球打得远一些的烦恼和在第 2 章头顶技术时讲解的一样，重心移动是要点。如果还能进一步使用扭转动作以及注重手腕的灵活弯曲，打出的距离自然就会变远。

想要做好身体的扭转动作，锻炼躯干是前提。我们可以通过躯干锻炼（P14~24）来提升躯干的柔韧性以及力量，做到利用全部身体的力量来打出高远球。

接球1
接球2
挑球
高远球
吊球
推球
平抽球
假动作
前场防守
扣球
反手球
接发球

考 察

烦恼的原因 **1** ## 无法做好重心移动

▲ 挥拍后，腰力没有落到左脚上，所以上半身不能跟着向前。

确 认 　　打完高远球后原样停在当时的位置，这就是没有做好重心移动的证据。当重心转移到右脚上后，我们需要练习顺畅而且有力地向左脚转移重心。

→ 让我们进一步更深地思考一下不能打好高远球的原因吧。

烦恼的原因 ② 不会扭转身体

前面看

▲ 挥拍时身体的扭转动作较少（从正面打球或没有太多身体扭转动作的挥拍）。

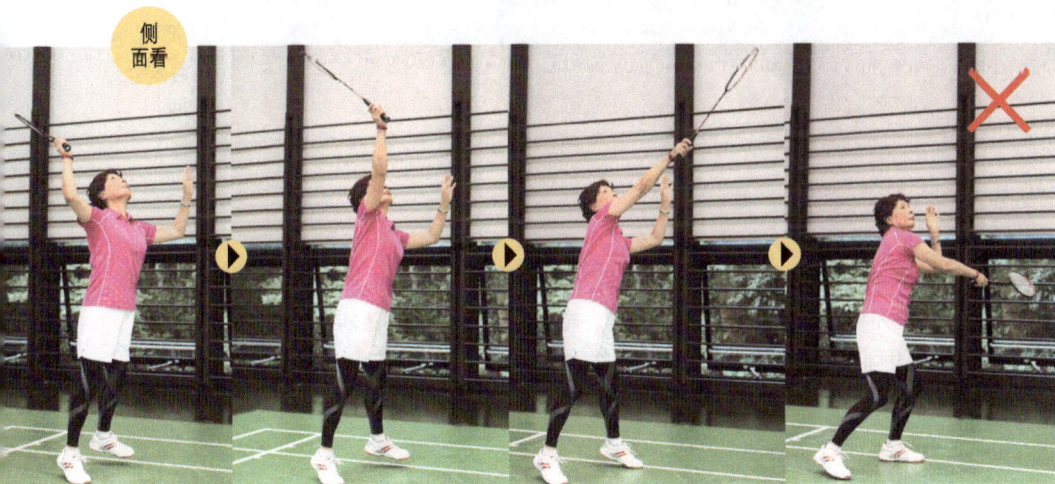

侧面看

▲ 挥拍时没有很好动用肩胛骨。

确认 ▶ 如果做不好半身的姿势，就不能进行扭转，最后变成了用手发力来击球。并且当身体的扭转不到位时，相当于是正面击球，就不能最大限度地发挥肩胛骨的作用。为了将高远球打远，需要注意做好扭转动作，动用肩胛骨来挥拍。

接球1
接球2
挑球
高远球
吊球
推球
平抽球
假动作
前场防守
扣球
反手球
接发推挡

121

解决方法

解决方法 1

为了移动重心
大幅度前进同时打出高远球

◀先把重心放在右脚上,全身发力大幅度挥拍。

要 点

这是活跃于美国职棒大联盟上的投手松坂大辅所采用的利用击球来锻炼的练习方法。这个练习不需要时刻关注标准姿势如何,而是通过大幅度的身体动作来记住移动重心的过程。在打球前先在右脚上做短暂停留,然后把重心完全地放在左脚上进行挥拍是关键。

解决方法 2

为了把身体全部的力量传递到球拍上
进行躯干训练来锻炼

要 点

进行躯干训练来提升柔韧性和力量。另外让身体在前后、左右、扭转3个方向上进行运动,训练效果更好。

→ 让我们来做打好高远球的必要练习吧。

解决方法 3
为了加入身体扭转动作
挺胸反切

▲ 大幅度扭转身体与手腕动作联动后再挥拍。

要 点

这个不是反切的练习，而是提高身体扭转动作的练习。一边挺胸一边做有些夸张的扭转身体动作，打出反切球。可以在高点击球，感觉在勾画很大的抛物线。如果不做扭转动作，球的运动轨迹变长，就不会打出抛物线。

解决方法 4
为了稳定髋关节
跪立姿势打出高远球

▼ 如果击球点过低，球拍很容易碰到地板，挥拍时要注意这一点。

要 点

利用膝盖左右交替进行重心移动。这个动作在武道的世界里叫作"坐技"，是指跪立或者正坐的状态下进行练习，做这个练习可以伸展脊背，稳定髋关节。

接球 1
接球 2
挑球
高远球
吊网前球
推球
平抽球
假动作
前场防守
扣球
反手球
接发球

123

希望打出让对方出其不意的吊球

让我们来记一下有效地打出吊球的要点吧!

着眼点　打好吊球的诀窍

■ 肘部与腰部联动起来打吊球

最理想的打球方法是在同一姿势下打出高远球、杀球以及吊球，一直有这样的说法。确实在同一个姿势下打多少次都可以，但实际上连续击打很难实现。怎样才能有效地打好吊球呢？答案就在手肘的指向。

引球到打点上，利用腰部的扭转动作和手腕的灵活性挥拍。如果挥拍时能让肘部动作的指向晚些出现的话，就不容易看出球的击出方向。

■ 疲于应对的投手与让对方三振出局投手的区别

在棒球的投手中，即使投出的直线球平均时速 140km，也总是有让对手三振出局的选手，比如巨人的王牌选手杉内俊哉投手。他的特点就是大家常说的看不出球的出击线路。放球时间晚，作为捕手来说就不容易选准时机。同样还有在美国职棒大联盟活跃的达比修有选手，他也是因为球的出击线路不好判断总能获得好成绩。即使是能连续投出时速 150km 的直球，但是投球的位置特别容易被看出的话，还是会被击打到。反而是只打到时速 140km 的球员，由于直到最后也看不出球的出击线路，打手错失打击良机，最终被三振出局。

棒球也好，羽毛球也好，为了迷惑对方看不出球的线路，需要重视身体的扭转动作和手肘的使用方法。先扭转腰部做出半身的体式，然后腰部扭转带动上肢做出手臂挥鞭的动作。我们一边记住这些要点一边来进行练习吧。

接球1
接球2
挑球
高远球
吊球
推球
平抽球
假动作
前场防守
扣球
反手球
接发推球

125

考察

无法做到扭转动作

▲ 以扭转的姿势来牵引羽毛球的话，就不容易看出球的线路。

▲ 如果没有扭转的动作，可以看到手肘，就容易被识别出球路。

确认 ▶ 所谓"正面打球"的姿势就是没有使用扭转动作。
确认一下半身姿势中是否加入扭转动作。

■ CHECK THE BODY

少年选手应该记住使用躯干高效的打球姿势

◀ 少年球员意识到高效的打球姿势很关键

处于成长过程中的少年球员如果总是想着把球打得远的话，就有可能记住了一些并不高效的打球姿势。培养少年顶级球员俱乐部的教练说："少年阶段打得远并不重要，记住有效的打球姿势才是重要的。"本书也是同样的意见。但是少年球员往往抱有强烈的"想打远球"的想法，所以教练应该教导他们不应该拘泥于追求击球的距离，更重要的是学习使用躯干发力的有效姿势。

→ 思考吊球被对手提前预判捕捉的理由。

烦恼的原因 2 **不能弯曲手腕**

侧面看

前面看

✕

▲ 肩膀和手肘一起动作。

确认

确认是否按照从肩部到手肘到手腕再到球拍的顺序顺畅地挥拍。看看能否做到像挥鞭一样的动作。

接球1

接球2

挑球

高远球

吊球

推球

平抽球

假动作

前场防守

扣球

反手球

接发推球

127

解决方法

为了能做到扭转动作
做投球练习

要 点

　　投球练习可以带来很多好处，对提高腰部的扭转动作也非常有效。腰部的扭转动作做得好，可以带动手腕部的自然弯曲。P49 也有过介绍，在这里让我们注意带着将腰部的扭转与手腕的弯曲结合起来练习吧。

▲ 达比修有能很好地掌控身体，确立了固定的投球姿势，使对手不容易判断他的球路。

▲ 在侧身的状态下在右脚上蓄势。然后左脚着地的同时扭转腰部，一边将重心向前移动一边使用全身的力气将球投出去。

→ 介绍一下能有效打出吊球的方法。

解决方法 ②

为了不让对方看出球路
下意识让肘部弯曲的反手杀球

▲ 身体大幅度扭转,从肩胛骨到手腕都可以实现弯曲挥拍。在高打点以"雨刷器"打法来练习。

要点

能够利用好身体的扭转以及肘前的弯曲来打球的人,不容易让对方识别出球的线路。为了提高手腕的柔韧性,关注肩胛骨的使用进行反手杀球会比较有效果。轻柔地使用肩胛骨,就可以按照从肩部到手肘的顺序,使前臂自然地弯曲。然后手臂就能扭弯,不容易被对手识别出打球的时间点来。

解决方法 ③

为了打出让对方出其不意的吊球
在吊球的击打点上赋予变化

要点

在挥拍和身体的动作上进行不同速度的训练,不要在同一节奏点上打球。

▲ 正常节奏

▲ 推迟击球节点的吊球

接球1
接球2
挑球
高远球
吊球
推球
平抽球
假动作
前场防守
扣球
反手球
接发推球

129

本来是机会球，却推球失误

机会球也要沉着有区别地进行推球，减少失误。

| 着眼点 | 推球的诀窍 |

■ 确认基本姿势

好不容易遇到一个推球的机会却擦到网上，这样的场景并不少见。失误的形式虽然也是各种各样，但如果从身体的使用方法来考虑原因的话，大多与在错误的姿势下上半身冲上前去击球有关。

这里所说的错误姿势，是指弓背的姿势。脊背前屈，肩膀也随之向前探出的姿势，会导致视野变窄，前臂和手失去自由度。这种情况下虽然也是可以打球的，但能打出的球路已经被限定，其结果就只能是上半身冲出来的状态下来推球。

首先为了把姿势做正确要注意挺胸、髋关节周围保持稳定的状态。挺胸能提高手和肩部的自由度，延展脊背能使头部和腰部活动自如，能确保用全身的力量来推球。

■ 改变意识增加变化性

有不少人把推球过度地理解成是"扣球"。这种偏颇的想法反而会引起失误。在有利的形势下，才会想到各种打法。变换球拍面、改变击球路线的高度、用西式握拍法打球、尝试各种切球方法等，找各种窍门做各种体验是很重要的。这样一来，不光是机会球，一些不好打的推球也都会有能力对应。所以说多去思考在推球的场景下能做些什么，比起单纯只是考虑如何打推球，更能提高我们的技术水平。

接球1
接球2
挑球
高远球
吊球
推球
平抽球
假动作
前场防守
扣球
反手球
接反推球

考 察

烦恼的原因 1 变成弓背前屈的姿势

▲ 弓背会导致上下运动等无用的动作变多。并多伴随反应慢，打点变低，身体的动作速度变慢的情形。

确 认　脊背前屈的弓背姿势，不仅对推球，对扣球、高远球、接发球等都会造成不利的影响。因为弓背的姿势阻碍了全身发力击球。我们需要重视在推球时挺胸、伸展脊背。

不妨来确认一下前屈的姿势和伸展脊背的姿势对视野范围造成的区别吧。

烦恼的原因 2 上半身向前冲

确 认　上半身太向前冲，击球就会受到限制。只要把上半身挺立起来就可以增加身体可能活动的区域，所以在推球时，需要让检查者帮忙确认一下身体有没有过度向前倾斜。

▶ 腰部过于往后伸展的话，上半身就容易向前冲。

→ 确认一下推球前的姿势和握拍动作等

烦恼的原因 **3** **变化少**

确认

　　"机会球就是推球"这样强烈的意识，会让心情失去放松感。如果所有的网前球都要扣杀，其他的网前打法就没法发挥，判断为不能打的球就会简单采取吊球。推球不过是网前打法的一种。

　　不要认为所有的机会球都要用叩击的方式，应该记住各种各样的推球方法，赋予更多的变化性。

◀ 从各种角度或切球，或变换握拍的方法。

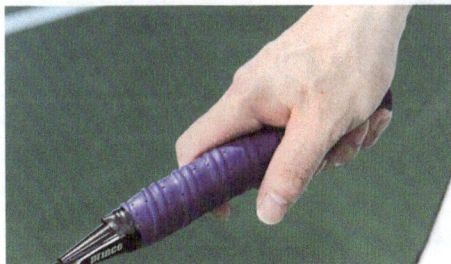

▲ 东方式握拍法

▲ 西方式握拍法

确　认 ▶ 　　尝试各种各样的握拍方法也是非常重要的。一般来说采取东方式握拍方法是比较普遍的，但是并不推荐任何打法上都使用东方式握拍方法。掌握了基本的握拍法之后为了能够灵活运用，可以在各种场合下尝试使用西式握拍法。比如网前球，使用西式握拍法就比较容易打，也容易打出比较有效的球路。

接球1
接球2
挑球
高远球
吊球
推球
平抽球
假动作
前场防守
扣球
反手球
接发推球

解决方法

为了纠正弓背和前倾姿势

挺胸，将球向正上方投掷

要点

在投球姿势下，大幅度张开胸口把球向正上方抛出。除此之外反手切球（P123），或直线投球（P128）也比较有效。不必太在意球的方向和高度，重要的是要有意识使用身体来投球。

▲ 右腿向左腿转换重心，一边挺起胸口一边向正上方投球。

为增加推球的技能

在握拍方法上下功夫

▼ 手腕向外转。

要点

不要局限在东方式握拍法上，也要试试西方式握拍法，尝试用各种各样的握拍方法来挥拍。另外，仅靠手腕的使用就可以实现球的角度、线路和球的质量的变化。

▼ 手腕向内转。

→ 记住推球前的姿势和瞄准的方法吧。

将手腕向外转推球。

▶ 直到击球瞬间一直保持拍面垂直，击球同时手腕外旋。

▶ 只用手腕来推球。

◀ 仅靠甩手腕把球弹出去。

▶ 雨刷式击球。

◀ 使拍面与球网平行，挥动球拍。

解决方法　③

太拘泥于推球就不能打出有力的推球，
要以推球路线为目标

要点

　　这里不是靠甩手腕来推球，而是要尽量不甩动手腕，把球平推过去。在高打点处制造对手不容易打的路线，或者特意以对方的身体附近作为自己击打的目标。与其扣球，不如打向对方的空当。

接球1

接球2

挑球

高远球

吊球

推球

平抽球

假动作

前场防守

扣球

反手球

接发球

希望减少平抽球
的失误

为您介绍一下有力回击来到身体附近的平抽球的诀窍！

着眼点　打好平抽球的诀窍

■ 身体平衡是关键

陷入与对手进行平抽球连续对攻的情况，最终被对手的进攻逼出失误的人，大部分原因在于躯干的强度和自由度不足。如果不使用躯干的力量回击的话，往往打不出有力量的球，被回击时身体有晃动，不能保证稳定的挥拍。

平抽球多数接近身体，所以容易导致只用手腕的力量来回球，但要注意越是因为球接近身体，越要求使用躯干的力量回击球。

如果能很好地利用躯干的力量，拍面就很容易打到球，挥拍也会稳定。进一步加上转身、后仰的动作，就可以打出不落下风的平抽球，而且也可以在所有的体势上以同样的力道回击。

■ 强化支撑身体的下半身

为了保证身体的平衡，就必须确认下半身的稳定性。平抽球打得不强有力不在于肌肉的力量问题，而是面对击打的方向，身体无法向前这一原因。重心不稳或者重心过于靠后，导致无法发出力量。在髋关节周围施加力量来确认稳定性，如果确认的结果为稳定性较差，就需要利用躯干的训练来弥补。

在躯干的使用方法上增加一些变化，就可以在身体的前面形成空间，即使在一些困难的体势上也可以强有力地以平抽球回击。在连续对拉中甚至可以从被动的状态下逆转局面。

接球1

接球2

挑球

高远球

吊球

推球

平抽球

假动作

前场防守

扣球

反手球

接发推球

考 察

烦恼的原因 1 ## 重心不稳

▲ 胸部收缩，重心偏向后方。　▲ 准备姿势保持稳定。

　　准备姿势阶段身体不稳定或者重心往后的话，就没法打出强有力的球，所以我们要掌握让髋关节和躯干联动起来可以有效出击的姿势要领。

烦恼的原因 2 ## 无法挥拍

▲ 有时需要特意制造在被球迫近的状态下挥拍、试打的练习机会。

　　一旦身体稳定，就可以试着在各种打点上打球。把羽毛球引到身体附近来打，或者把打点落在前面等，不断扩大球拍挥出的范围。

让我们来确认一下打平抽球时的姿势和躯干的强度。

烦恼的原因 ③ 无法很好地利用躯干

▲ 即使将球拉近身体，如果能利用身体后仰的力量击球，也可以打出有力的平抽球。

确认 ▶ 　　用手来打平抽球时，不会打出强有力的球。一开始身体的动作可以大一些，打球时一定要使用躯干。

烦恼的原因 ④ 髋关节的稳定性不够

确认 ▶ 　　髋关节是否稳定？检查者在球员的膝盖、大腿、腰上施加力量来确认。

接球1

接球2

挑球

高远球

吊球

推球

平抽球

假动作

前场防守

扣球

反手球

接发推球

解决方法 ———————

解决方法 **1** 为了稳定重心、髋关节
来进行躯干训练

要点

P14~P24 所介绍的躯干训练可以提高身体的稳定性。为了能打出有力量的球，需要进行加强旋转动作、后仰动作的训练。

◀即使身体在后仰的状态下，只要躯干稳定，仍然可以顺畅地挥拍。

解决方法 **2** 为提高躯干的自由度
跪立状态下平抽

▲灵活使用躯干来打球。

◀配合对手的水平，设定距离互相平抽练习。

要点

为了加强使用躯干打球的意识，在不使用膝盖以下部位的状态下互打平抽球。切记不要用手打，而是要动用躯干。

→ 为了打出强有力的平抽球，让我们来做一些必要所练习吧！

为了让球拍能打到球

解决方法 3

做出空手挥拍的样子

▲ 以各种各样的体势来试着让球拍打到球。

要 点

注意使用躯干的同时，确认球拍可以挥到哪里。利用挥空拍看一看在哪个路线上可以顺利挥拍，相反，哪些线路不能挥拍。

另外尝试一下各种握拍方法。

为了让球拍可以打到球

解决方法 4

对墙击打练习

要 点

在同一个地方连续击打，或者一边迈步一边用力地击打墙壁。不要手部用力，旋转或后仰身体来击球。

接球1
接球2
挑球
高远球
吊球
推球
平抽球
假动作
前场防守
扣球
反手球
接反推球

08

想使用假动作

让我们来学习网前使用假动作的诀窍。

着眼点　制造假动作的诀窍

■ 以迈步的方式阻止对手的动作

很多人会想通过假动作让对手寸步难移，也有很多人为了做好假动作，专门研究各种球拍上的操控以及如何切球等，做各种各样的练习。

但实际分析一下假动作的动作要领，会发现真正重要的并不是球拍上的操控，而是挥拍前迈步的强度，这才是成功钻对手空档的关键所在。

迈步的要点是，先让对手以为"球来了！"。羽毛球就是配合着对方的迈步，无意识地进行下一个动作。自己在迈步的同时，对手也正在地面上做着迈步动作，所以只要能制造出瞬间的"延时"，就可以让对手错失击球良机。

如果能早一点迈到羽毛球的来路上，就可以在球拍操作上有余量时间，也更容易制造出假动作。相反，迈步和击球基本在同一时间点上的人，即使作出假动作，也容易被对手识别出来。

■ 髋关节的稳定性可以提高假动作的效果

为了提高假动作的效果，让下半身稳定是非常必要的。迈步越是强有力，对手的反应也越强烈，而且躯干保持稳定，球拍操作的自由度也会得到拓展。

如果迈步力量很小，就不能使用躯干发力，球拍上的控制就会出现错误，所以我们通过躯干练习来提高髋关节稳定性的同时，再利用迈步，在速度、打点上赋予变化，就会增加假动作的多样性。

接球 1
接球 2
挑球
高远球
吊球
推球
平抽球
假动作
前场防守
扣球
反手球
接及推球

考 察

1 **迈步的力量弱**

▲ 带有气势的迈步会让对手不知所措。

▲ 迈步如果不果断，就会给对手带来富余的时间安排动作。

确 认

要造成让对方觉得"球来了"的预判，身体的气势、威慑感是必需的。所以要果断地提高速度，有力地迈出步伐，来到羽毛球下。

2 **轻易被对手看出球路**

确 认

如果迈步与击球在同一时间点上，就不容易制造假动作。因为球路容易被看出，所以可能马上就被对手知道要怎么打。将时间错开假动作的成功率往往可以得到提高，所以我们应该先通过制造迈步和击球的时间差来打球。

▲ 时间点相同的话就不容易制造假动作。

▲ 错开迈步与击球的时间点来打球很重要。

来思考一下无法做出假动作的原因吧。

烦恼的原因 ③ **没办法做出"延时效应"**

▲ 即使到了打点也不是马上击打，而是有时间引拍来改变打点。

确 认 ▶ 迈步后可以把羽毛球牵引多远延长多少击球时间呢？为了成功地制造出假动作，必须制造出这样一瞬间的延时。注意到迈步后不是马上打球，而是变化迈步的速度，用球拍蓄势。

■ CHECK THE BODY

控制速度的关键是脊柱！

动作的速度可以是由髋关节控制的，但并不是仅仅如此就可以很快速地击球。髋关节上的脊柱，实际上是调整动作速度的关键骨骼。脊柱是作为身体中心轴的骨骼，在它的周围有相关运动必要的肌肉。特别是与跳跃力以及动作强度直接相关的髂腰肌，可以通过对脊柱的使用有效地发挥它的作用。

铃木一郎（洋基队）以及网球选手罗德·费德勒等，他们都在打球的时候可以很好地使用脊柱和髂腰肌。只要我们在运动中稍微留意一下这个在身体中心部位的脊柱，动作就会产生不一样的效果，务必试试看。

接球 1
接球 2
挑球
高远球
吊球
推球
平抽球
假动作
前场防守
扣球
反手球
接发推球

解决方法

解决方法 1

为了能强有力地迈步
意识到躯干训练与迈步的关系

基础扎实，拍面操作也会得心应手。

要 点

用 P14~24 的躯干训练来提高着地的稳定性是很重要的。另外，从一般阶段过渡到网前阶段的练习，也应该尝试变化迈步的速度和强度。

解决方法 2

为了能将击球时机延后
确认上网的方法

要 点

让陪练的人站在球场上（球员前面），在对拉回合中确认迈步的力量、强度以及"延时"的制造方法。

打球者向陪练假动作的质量。

→ 记住假动作所必需的迈步要点吧!

接球 1

接球 2

挑球

高远球

吊球

推球

平抽球

假动作

前场防守

扣球

反手球

接发推球

解决方法 3

为了能将击球时机延后
在网前多做动作

▲ 举起球拍也可以让人联想到是要推球。

要点

假动作的关键就是要在自己迈步之前,能让对手采取一个动作。所以就不光是迈步,也要在上半身的姿势及气势上做出"要打球了"的感觉,以此来做假动作迷惑对方。

解决方法 4

为了可以利用迈步后的间隙时间
在迈步的位置置换羽毛球

要点

在做假动作的时候如果迈步稳定,接下来就可以练习拍面控制。为了在迈步动作后可以制造更多的可能,我们来做一下置换桌子上羽毛球的练习吧。

▶ 除此之外,也可以一边拿着杯球,一边做迈步练习,这样也可以提高操作性。

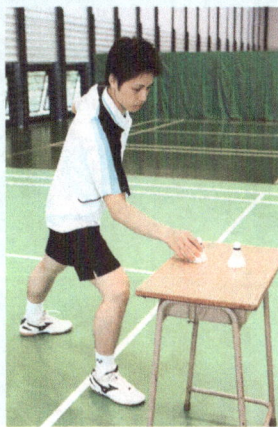

147

打不好前场球

掌握可以应付对手快速接发球的前场技术。

着眼点　双打前场防守的诀窍

■ 做好等待姿势

站在前场的位置上，不能接好对手的平抽球或接发回球的人，通常多是姿势有问题。特别是在前场上没有自信的人，容易产生较强烈的退缩的想法："靠后面的人吧……"，或者身体向后缩，或者失去了气势。这样很可能就连球都碰不到，让后场的人苦不堪言。

其实先不管前场队员打得好与不好，光是让对方感受到身形的强大，都会带来威慑感，也可能切断对方的接发回球路线，因此，前场的作用绝不仅是把羽毛球打回去。先练习挺胸、稳稳地站好，哪怕只是等待来球也要给对方带来压力感。

■ 仅用腕部的力量，抬不起球拍

我们来看一下球员的姿势，很多前场队员明明知道应该举拍，但却意外地举不起来。也有的球员是在对手接发回球后举拍，这样常会导致挥拍前羽毛球就从自己的身体侧面飞过。

无论做什么，准备最重要。前场的准备就是举起球拍，所以我们应该养成在对手击球之前，先把球拍举起的习惯。而且要注意不要使用手腕的力量，应该把胸口打开，使用全身发力，带着这样的意识打球是非常重要的。

另外，做决断这类强烈的想法都直接影响到力量的大小，平时就锻炼着在放松的状态下做好准备吧。

接球1

接球2

挑球

高远球

吊球

推球

平抽球

假动作

前场防守

扣球

反手球

接发推球

考 察

烦恼的原因 **1** 等球的姿势不好

确 认

如果不是直立状态下等待来球，或者没有把球拍举起，都会难以应付来球。从一开始就注意要挺直胸部，做好要应对各种来球的心理准备。

◀ 以手肘下垂或脚伸得太远的状态等球是错误的。

烦恼的原因 **2** 骨盆的位置或姿势不好

▲骨盆在脚的正上方。

▲臀部过于向后。（上半身容易前倾）

▲后背过弯，胸部没有挺起来。

确 认

骨盆和躯干不能稳固立起的话就不能保持正确的姿势，或者向各方向的动作也会变得迟缓。如果不能好好地利用躯干发力，就不能打出有力量的球。前场在等待来球的时候，可以让别人帮忙确认一下自己的姿势。

在前场的位置上想要迅速做出反应，准备是非常重要的。
让我们来考虑一下等待来球的姿势吧。

烦恼的原因 3 **躯干的自由度不够**

▲ 以向前探身的姿势等待的话，打球的范围就无法扩展。

确　认

　　如果躯干的自由度高，前场可以控制的范围也相应地扩展。不用费力地迈大步子，就可以打出有力量的球。所以击球时我们应该提高身体的后仰能力，避免浪费没必要的力量。

◀ 理想的状态是即便在身体后仰的状态下也能打出有力量的球。

接球1
接球2
挑球
高远球
吊球
推球
平抽球
假动作
前场防守
扣球
反手球
接发推球

解决方法

调整好等待的姿势

挺胸、举拍，凛然做好准备姿势

要点

挺胸，准备好姿势，视野会变宽，就能更快更好地应对来球。让自己看起来很强大，举起球拍，做到能在各种球路上出拍。

◀ 最开始即使显得稍微有些夸张也是可以的，要有意识地让身体显得更大。左手为了保持平衡也可以垂下来，但基本上都采取双手上举的姿势。

为锻炼骨盆和躯干

强化后仰力

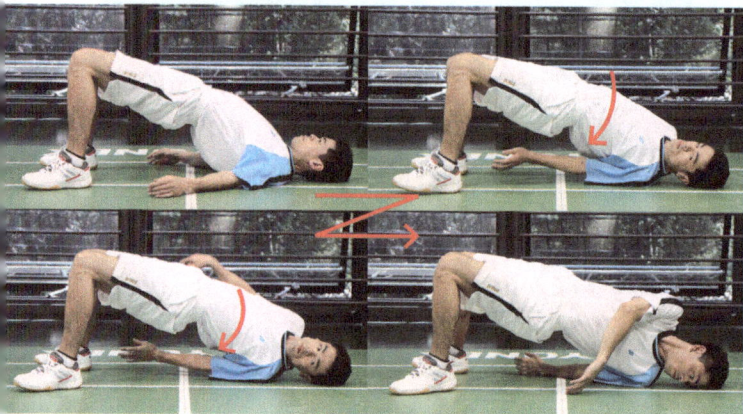

要点

为锻炼后仰力，做臀部上提以及起身的动作都是有效果的。由于前场队员对身体在后仰状态下的自由度也有需求，所以要在臀部上提的状态下做一下快速扭转身体的训练。

▲ 在臀部上提的状态下，保持臀部不要回落，慢慢地扭转上半身。等到已经习惯了，再加快速度，瞬间扭转。

→ 让我们来记住提高前场能力的练习以及要点。

解决方法 **3**

为提高躯干的自由度
身体后仰到最大限度等待来球

要 点

后仰力足够大，就可以使控制来到身体周围的羽毛球的范围达到的最大的极限。因为既可以延迟打球的时间点，又可以打出有力量的球，所以让我们要练习使用后仰的力量。

◀ 我们要让自己的下半身即使在做大幅度后仰动作时也能保持稳定。

解决方法 **4**

为了提高躯干的自由度
将抛球全力打回

要 点

在躯干训练后，进行提高躯干能力的抛球练习。

在前场队员负责的区域内请队员随意抛球过来,使用全身的力气一边注意各个角度、线路、姿势，一边打球。

接球1
接球2
挑球
高远球
吊球
推球
平抽球
假动作
前场防守
扣球
反手球
接发球

10

想打出快速、
有效的扣球

让我们思考一下提高扣球质量的一些必要内容吧。

着眼点　扣球的诀窍

■ 打扣球时从气势上压倒对手是关键

要想打出扣球的"速度"，并不是单纯的只要有力量就好了。肌肉力量和挥拍速度的关联性，以及身体重心的转移、手臂的弯曲、脚上的步法等很多因素交织在一起，才能打出有速度的扣球来。

其中最重要的气势的大小，也就是要做出从气势上压倒对手的姿势。能够产生这种气势的就是躯干，所以要想让躯干发力强劲，不仅要时刻保持这样的意识，日常的躯干锻炼也很重要。

■ 通过重心移动改变扣球的品质

网球或棒球等会用到"离身球"的概念。是指球从球拍或者手上离开的时间点，从迈步开始球离开身体越晚的人就越不容易找准接球的时机。说明球离开球拍或手的时机虽然很重要，但更为重要的是身体有无打开、肩膀和肘部是不是动作太慢。

要想在离球期间打时间差，关键要做好身体的重心移动。理解人家执意想打出漂亮有速度的扣球的心情，但单纯追求速度并不能赢得比赛。我们应该坚持追求自己独有的速度，打出让对手难接的扣球。

接球1

接球2

挑球

高远球

吊球

推球

平抽挡

假动作

前场防守

扣球

反手球

接发推球

155

考 察

烦恼的原因 1 气势不足

▲ 将胸部大幅度张开，让身体看起来更大，给对手带来威慑感。

▲ 胸部不打开就没有气势，带给对方的威慑感就不大。

确 认　　对手所站的位置不是根据与球网之间的距离感，而是根据与对战选手之间的距离感而改变的。仅通过让自己身体看起来更高大，就可以让对手所站位置向后退。

→ 来考虑一下不能果断地打扣球的理由吧。

烦恼的原因 2 重心移动的质量不高

■ 重心转移的质量

◯

◀ 大幅度地转移重心。
从右脚向左脚顺利地、

■ 重心转移的距离

✕

◀ 所以无法产生力量。
因为重心移动的距离短

确 认 ▷ 　　重心转移质量不好的人，大多是在准备的时候不能将重心落在轴心脚上，或者在向前迈出的距离很短的情况下就挥拍。

　　应该将重心稳稳地落在一开始迈出的脚上，全身发力挥拍。

接球1

接球2

挑球

高远球

吊球

推球

平抽挡

假动作

前场防守

扣球

反手球

接发推球

157

解决方法

为转移重心
抓住动用全身来转移重心和扭转的感觉

投球动作

扣球动作

向轴心脚上移动重心。
弯曲轴心脚的膝盖，稳固做出蓄力的姿势。

从轴心脚向迈出的脚上转移重心。
如果能将重心转移到迈出的脚上，就能产生力量。

将重心稳定地落在迈出的脚上。
挥拍后躯干稳定地向前探出。

要 点

　　棒球投手的投球模式和打扣球的模式有很多相通点。保持身体的柔韧性打球。另外通过躯干训练来彻底锻炼那些不擅长的部位也很重要。

→ 打造擅长扣球的身体。

■ CHECK THE BODY

通过身体的使用方法来改变扣球的质量。

如果有人问我到目前为止与我对战的球员中,扣球打得最好的人是谁? 我的回答是曾取得全日本单打 5 连冠的舛田圭太(现日本羽毛球国家队教练)。他现役时期,扣球的速度非常快,在双打对决中曾经打出很多次气势力势力压对手的跳杀扣球。特别是他跳跃起来之后,身体的后仰力非同寻常,髋关节的强度更是不可小觑。由于他能很好地做好身体重心移动,所以作为对手难以把握时机,接球很费劲。像他那样能用全身发力打扣球的球员并不多见。

最近的现役球员中,川前直树球员(NTT 东日本羽毛球队队员曾参加伦敦奥运会)、数野健太球员(日本UNISYS 羽毛球队队员)等人都是在打扣球的速度上可圈可点。特别是数野球员能很好地利用扭转动作发力击球,不仅是速度快,还很果断。

扣球也会有各种效果,后仰能力强,就可以延长扣球的时间点,打乱对手击球时间预判;而如果扭转能力强的话,就不容易被对手看出击球点,从而让对手错过击球最佳时机。这些都需要在深刻认识自己的身体基础上才能做到,所以我们要试着采取适合自己身体特征的打法。

▲ 数野球员,在打球之前通过将身体扭转到位,隐藏出球之处。

▲ 舛田圭太通过有力的后仰,打出有爆发力的扣球。

接球 1
接球 2
挑球
高远球
吊球
推球
平抽球
假动作
前场防守
扣球
反手球
接发推球

159

想用反手进行
强有力的回击

让我们在很多人都打不好的反手击
球上学习有力回球的技术吧。

着眼点　想用反手进行强有力的回击的诀窍

■ 排除掉打不好的意识

打不好反手接杀球的一个原因，就是没有利用躯干的力量，只是用手的力量在打球。特别是不能使用扭转动作的情况比较多，单纯用手的力量打球，羽毛球就不能飞得很好，其结果就变成勉强地使用手臂的力量，或者变成了正拍回球。尤其是女性球员在这方面的问题比较突出，有时候过于认为自己打不好失去打反手球的积极性。

要想用反手将球打到对方后场，确实是需要力量的。但是力量不足并不是唯一原因。具体地探寻"羽毛球飞不起来"的原因，然后做针对性的练习和训练，不断地积累，就有可能打出比现在更有力、更远的球来。

■ 建立稳定性的躯干，提高反应力

不擅长反手击球的人，其理由通常是反应慢而接不住球，或者在没有使用扭转的动作以及腰的联动性的情形下就打出了球。

仔细分析会发现，①针对来球的准备不足，所以挥拍延迟。②因为延迟的发生，所以没有利用身体的扭转、腰的联动性的情况下就打了球。③因为力量不足导致失误，就变得不愿意打反拍球。④反拍技术无法提高，就越来越不会打。陷入这样的恶性循环。先来稳定躯干，然后提高对羽毛球的反应力，在这个基础上再锻炼球拍上的技术动作。

如果在来球路线上能使用躯干的力量挥拍打到球，就可以开始使用扭转的动作和腰来回球。下意识用躯干发力，就可以做到不怕反手击球。

考 察

扭转动作不到位
（后面）

▲ 没有扭转动作的情况下出拍。

▲ 要出拍时，扭转身体。

确 认

如果身体的扭转动作不到位，就无助于挥拍伸臂的动作，导致力量没有传导到羽毛球上就把球打了回去。确认是否在迈步的同时，扭转躯干来挥拍。

身体没有内缩（正面）

▲ 身体挺得过直，没有内缩。

▲ 身体内缩，双臂向身体靠拢。

确 认

正面的平轴回合中身体的柔韧性很关键。身体能否轻柔地内缩做好准备，对回球的质量有很大的影响。挥拍前确认以什么样的姿势做准备。

→ 找出不能强有力地反手回击的原因。

烦恼的原因 3 **不能以稳定的姿势出拍（正手侧）**

确认

来到正手侧的羽毛球用反手来应对时，很多人会采取弓背前屈的姿势来击球。一旦弓背前屈，躯干所能活动的范围就会变窄，影响手腕、挥拍有效地发挥作用，容易被对手乘虚而入。我们先来确认一下姿势有没有做到位吧。

▲ 姿势没做好容易导致挥拍困难，可以通过移动右脚来应对。

烦恼的原因 4 **变成了用手发力打球**

◀ 挥出球拍时，身体失去平衡

确认

腰部（髋关节周围）处于稳定的状态下挥拍就可以把力量传递到羽毛球上。但是出拍时如果腰部不稳，身体就容易发飘，导致无法使用躯干的力量，变成用手发力来回球。我们应该努力做到稳定腰部后再挥拍。

接球1
接球2
挑球
高远球
吊球
推球
平抽球
假动作
前场防守
扣球
反手球
接发推球

解决方法

解决方法 1

为了做好扭转动作
躯干向3个方向运动

■ 前后　　　　　■ 扭转　　　　　■ 左右

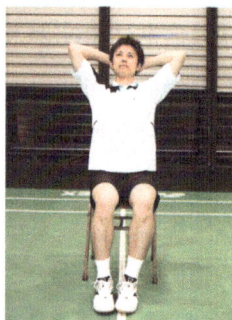 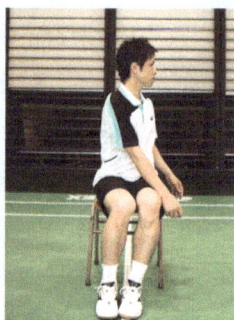 

要 点

首先，为了锻炼上半身的强度，在椅子上坐下，将躯干朝3个方向运动。
扭转动作时，大腿不要动，向侧面伸展时，要注意"下降盆骨""上提肋骨"来练习。

解决方法 2

为了做到身体内缩
进行躯干锻炼

▲不是单纯拱起脊背，而是双臂向身体靠拢，肩胛骨外展，等待来球。

要 点

想要轻柔地回球，准备时要身体前屈，双臂向身体靠拢。想要达到这样的效果，就要进行锻炼躯干柔韧性的训练(P15~16)，以及肩胛骨的训练。

然后可以通过空挥拍等动作确认是不是挥拍动作比以前更顺畅了。

→ 要打好反手击球，必须好好锻炼躯干

解决方法 ③ 为了能以稳定的姿势出拍
伸展体侧

■ 体侧的伸展

▲ 反向扭转骨盆和肋骨。

▲ 将手上举不让骨盆浮起来，身体倒向侧面。

■ 挺胸把羽毛球打向正上方

▲ 使用全身的力气进行反手接杀。一开始从小幅度挥拍动作开始，逐步加大挥拍动作的幅度。

> **要 点**
>
> 　　一边进行提高髋关节灵活度的躯干锻炼，一边通过体侧伸展动作进行拉伸。反手接杀球时，如果侧腹肌僵硬，就不容易挥拍，因此需要通过拉伸来锻炼，增强身体柔韧性，可以轻柔地挥拍。另外，注意不要弓背前屈，而要挺胸击球。

接球1
接球2
挑球
高远球
吊球
推球
平抽球
假动作
前场防守
扣球
反手球
接发推球

165

想要接发推球

让我们记住利用接发球在连续对打中如何占据优势的要点吧。

接球1

接球2

挑球

高远球

吊球

推球

平抽球

假动作

前场防守

扣球

反手球

接发推球

着眼点　双打中的接发推球技巧

■ 仅改变站立的方法，就可以扩展可打的球路

双打的发球,对于接球方是有利的。在规则上接球方不会接到发球方带有攻击性的发球，还可以在近距离给对方带来压力，所以无论在规则上还是心理上，都比发球方占据优势。

因此，球员在接发球上想先发制人的想法就会比较强烈。如果能一举接发推球，接下来的比赛就会很轻松。

但是接发推球并不是一件简单的事情。接球方虽说处于优势，但如果打球之前的姿势不好，或者没有灵活应对的心理准备的话，反而容易导致失误。我们先来学习接发推球的基本姿势和思路。

■ 挺胸抬头，以灵活多变的意识来推球

准备接发球时，挺胸抬头就可以在比较高的位置做好准备姿势，给对方带来威慑感。如果身体向后倒，或者击球的想法过于强烈，前倾过度的话，都无法用身体发力来推球。另外如果不能在高处获得打点，就很难打出占领先机的球。为了能利用躯干打出稳定的球，要尝试着挺胸抬头，采取扩宽视野的姿势来接发球。

对于不太稳的发球，也要尽量避免先入为主的观念,直接推球回击。想抓住这样的机会球的心情是可以理解的，但是接发推球通常是为了下一拍球掌握主动权的战术，推球的目的一定不是要推死对手，而是"给队友减轻压力"或者"下一拍球由自己控制"，以这种想法预判来球路线，思路也会更宽。

考 察

烦恼的原因 1 重心落在后面

确 认

　　检查等待发球的姿势。如果体重过多在后脚上，前进的力量就会变小，反应也会变迟缓。确认是否将体重移动到前脚上，让重心稍微靠前一点儿。

◀ 重心落在后面。

烦恼的原因 2 以前倾姿势等待来球

确 认

　　上半身过于向前探出的话，视野会变窄，所能打球的线路就受到限制。另外，身体前倾时腿也不容易迈出，对于一些比较远的发球反应就会变慢，身体不容易前后移动。

◀ 腰向后伸展，就容易变成向前探出的姿势。

→ 思考一下不会接发推球的原因。

烦恼的原因 ③ # 起动时，身体朝向地面

▲ 身体向下就不能在高点打球。

确认 ▶ 　　即使是已经刻意挺胸抬头等待接球，击球时如果身体向下，视野就会变窄。另外，视线上下漂移也会导致球路不稳，对来球的反应速度就会变慢。

烦恼的原因 ④ # 握拍方法一成不变

确认 ▶ 　　和推球一样，除了采用东方式握拍法之外，其他的握拍方法也很重要。确认自己是否用各种各样的握拍方式在打球试一试。

烦恼的原因 ⑤ # 打推球的先入为主的意识过强

确认 ▶ 　　如果想以接发推球一球控制局面的意识过于强烈的话，下一个球就不好处理了。接发推球可以是打向对方不好打的路线，或者只是打乱对方节奏，下意识练习向各种路线上击球。

接球1
接球2
挑球
高远球
吊球
推球
平抽挡
假动作
前场防守
扣球
反手球
接发推球

解决方法

为了让重心在前且稳定
挺胸抬头，立起骨盆

◀一开始抢高点接发球，保持对上半身的关注和感觉来推球。下意识立起骨盆、挺胸抬头，这样重心就容易向前。

要点

仅仅有意识还不够，要通过躯干锻炼以更好的姿势来击球。

为了不过于前倾
下意识挺胸抬头来击球

要点

身体容易过度前倾，就是不考虑推球之后的事情的证据。为了提高挺胸抬头意识，可以在接球后请求对手抛球过来，然后马上推球回击。通过具有"下一拍"意识，纠正前倾的姿势。

▲下意识将腹部收回到脊背侧，胸部就容易展开。

→ 一边思考接发推球的意义一边来进行练习吧。

解决方法 3

为提高后续意识
要想到后面 3 个球怎么打

要点

发完球后让对方抛球过来，在高打点上推球回击。发球后保持挺胸抬头向前迈步。

◀ 发球后，上半身是直立的，保持这个姿势来推球。以这样的意识来接发推球。

解决方法 4

为了能打出各种路线
改变握拍法、先入为主的观念

■ 以西方握拍法打球

▲ 正手

▲ 反手

■ 引拍打出路线球

要点

接发推球不是要一球制胜，目的是在连续对打中占据优势。可以通过改变路线、高度、握拍法等，尝试不同的打法，来拓宽接发球的范围。

可以故意打出半场球，或者加入平推球等，也不局限于只是从上面向下打，还可以利用上面的空间。

接球1
接球2
挑球
高远球
吊球
推球
平抽球
假动作
前场防守
扣球
反手球
接发推球

171

专栏 关于身体的谈话 2

被隐藏的小指的力量

我们平时总是不经意地用手抓或是触碰物品。羽毛球运动就是靠手瞬间握紧球拍来击打羽毛球的，不过在这5个指头中发挥最重要作用的却是小指。你可能很难想象小指是产生动作力量及柔韧性的重要来源。

这其中的一个原因是小指联结着腰部和脊柱。小指常会被认为和其他的部位并没有关联，但看了右图就会理解，它是与很多部位相联动的。详细地说小指的肌肉将手腕处尺骨的骨膜、肱三头肌（上臂后面的肌肉）、绕动手腕时起关键作用的肩袖（肩胛骨附近的内部肌肉）与后背的菱形肌连接起来。小指的肌肉虽然本身很小，但因为与其他的肌肉、肌肉膜相互连接、联动，最终可以使用位于背部以及腰部等的大肌群。

希望大家可以理解手和手指不仅是在操作球拍，还与其他的肌肉有着紧密的关系。我们应该在挥拍练习中重视这种关联，在此基础上再去提高上述的肌肉力量。能不能做到这一点，会给挥拍还有各种击打动作的质量带来差异。另外，使用身体全部的力量来打球可以减轻手部和指部的肌肉负担，进一步提高球拍的操作性，我们应该牢记这一点。

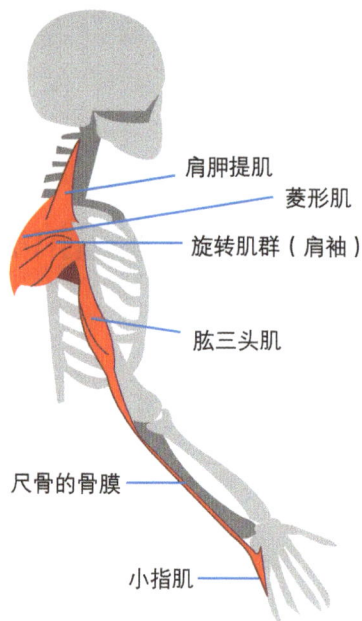

肩胛提肌
菱形肌
旋转肌群（肩袖）
肱三头肌
尺骨的骨膜
小指肌

▲ 我们只要认识到小指与腰、脊柱是相连接的，身体就会产生变化。

172

避免猫爪手，使用手腕挥拍

打羽毛球要在挥拍的时候使用手腕来打球。特别是平抽球和接球的时候，总会听到"要立起手腕""手腕直立"这样的话，是因为在小小的挥拍动作中，手腕是传递力量的关键。

立起手腕打球有它的优点，会使小指到腰部连动起来，挥拍变得容易，形成更强有力的击打，也能有区分地打出各种路线。

我在现役时期的队友久保田雄三就是因为手腕动作做得好，可以将对手的扣球以犀利的对角球打回。而我由于不擅长立起手腕，手腕总会向小指侧弯曲（猫爪手），所以接球时我主要采取直线抽球的形式回球。由于这种打法带来的负重大，我还因此得过腱鞘炎，吃了不少苦头。

在握球拍时，变成猫爪手或者手腕平直的人，出乎意料的多。其原因是自己惯用手一侧的身体侧面收缩。身体侧面收缩，导致挥拍动作时无法使用腰部、后背，体侧与小指无法连动，从而有了猫爪手的倾向。

立起手腕不容易做到，如果勉强去做又容易导致受伤。所以先练习体侧的伸展运动或者进行躯干的训练，能够使用腰部、背部的力量挥拍是首要条件。在此基础上下意识使用小指练习把手腕立起来。

▲ 手腕立起的握拍状态。

▲ 猫爪手（向小指侧弯曲）状态。

世界顶级球员中利用躯干扭转来接球是主流

最近的世界顶级球员使用有效的动作来接球的情形已经变得很常见。在很早之前，无论对什么样的球，都普遍采取迈步的接球方式。但是到了现在，很多球员从准备姿势的位置开始只要是球拍可以挥到的范围，不再勉强地迈步，而是利用身体的后仰动作来回球。这就是使用髋关节和躯干的力量接球的表现。球员们从而能减少动作，以及把更多的体力都用在其他的动作之中。

只要是锻炼过的球员，哪怕水平一般，也是可以利用扭转动作来回球。

先将骨盆立起，然后准备好姿势，躯干立于骨盆之上。在这样的状态下，可以前后左右灵活地活动躯干，接下来就扭转身体，同时挥拍。不过加上扭转的动作后，身体难免会发生晃动。为了能稍微减轻晃动，就需要有意识地将髋关节、骨盆、躯干在稳定的位置上连动起来。

髋关节、骨盆以及躯干的训练方法在本书的很多地方都有介绍，让我们把这些训练变成习惯，试着挑战一下用扭转动作来接发球吧。

▶ 如果髋关节稳定，就可以利用扭转动作来接发球。

受伤后，要注意身体的平衡！

运动总会伴随着"受伤"。很多人都是带着伤痛在打球，运动激烈的羽毛球也会给身体带来很大的负担，如肌肉、骨头等的疼痛，有时还引起韧带断裂、跟腱断裂等突发伤情。

我自己也曾经经历过脚部韧带断裂这样的重伤，吃苦头是在受伤之后。受伤的前后，身体在运动上肯定会有差异，弄清这前与后的不同，也需要不断的试验、摸索。

即使是伤愈了、痛苦没有了，受过伤的身体常会失去平衡。如果身体还保持着受伤之前的打球感觉，恢复平衡会比较容易，但麻烦的是打球的感觉变得模糊。

失去平衡的话，身体会因此变得歪斜，不能朝想去的方向行动，容易积累疲劳，又导致其他部位受伤等。如果没有注意到失去平衡，勉强进行训练或任务练习，又会带来更严重的恶性循环。我所诊治的患者中，就有这样的案例，肩部受伤做过理疗后，又不断地进行肩周的训练，结果引起腰部和后背疼痛。

我能理解那种把注意力放在受伤部位的心情，但更重要的应该是重建身体的平衡。中立状态下（动作之前）的身体如果不稳定，动作的去向也就不会稳定。击球的质量会变差，也会影响各种打法的效果。相反如果能保持身体稳定，就可以把受伤的影响控制到最小范围，用全身发力，打出高质量的球。

正是受伤的时候，才更应该意识到动作稳定性的重要性，关注受伤部位与其他肌肉和骨骼来进行的联动性练习，以此提高整体水平。

▲ 让别人帮忙确认身体是否失去平衡也很重要。

图书在版编目（CIP）数据

羽毛球技术进阶训练：基于身体功能改善的技术提升与问题解决方案／（日）片山卓哉著；代红丽译. --北京：人民邮电出版社，2018.10
ISBN 978-7-115-48845-9

Ⅰ. ①羽… Ⅱ. ①片… ②代… Ⅲ. ①羽毛球运动—运动训练 Ⅳ. ①G847.2

中国版本图书馆CIP数据核字(2018)第148672号

免责声明

作者和出版商都已尽可能确保本书技术上的准确性以及合理性，并特别声明，不会承担由于使用本出版物中的材料而遭受的任何损伤所直接或间接产生的与个人或团体相关的一切责任、损失或风险。

内 容 提 要

本书是日本羽毛球全国双打冠军、专业物理治疗师片山卓哉为广大羽毛球爱好者写作的运动表现提升书。

本书首先对羽毛球运动中应关注和提高的身体功能及其训练方法进行了介绍。接着，本书通过 500 余幅动作连拍图，对发球、击球、步法、接球等多种基本技术的正确姿势和技术要点进行了分析，并在此基础上对支撑各技术动作的特定身体功能的训练改善方法进行了讲解。此外，本书对 12 类羽毛球爱好者的常见烦恼的形成原因和解决方法进行了详细解析，旨在帮助练习者有针对性地、高效地提升球技。

◆ 著　　　　[日]片山卓哉
　　译　　　　代红丽
　　责任编辑　刘 蕊
　　责任印制　周昇亮

◆ 人民邮电出版社出版发行　　北京市丰台区成寿寺路 11 号
　　邮编　100164　电子邮件　315@ptpress.com.cn
　　网址　http://www.ptpress.com.cn
　　固安县铭成印刷有限公司印刷

◆ 开本：700×1000　1/16
　　印张：11　　　　　　　　　　2018 年 10 月第 1 版
　　字数：201 千字　　　　　　　2025 年 11 月河北第 22 次印刷
　　著作权合同登记号　图字：01-2017-1129 号

定价：68.00 元
读者服务热线：(010)81055296　印装质量热线：(010)81055316
反盗版热线：(010)81055315